Science, conscience et santé

Les NTIE au XXIème siècle

Première édition, 2019

Collection « Visionnaires » dirigée par Médéric Degoy

Composé en Arsenal 11,5 pt
Couverture : graphisme Christine Degoy - photos Médéric Degoy - degoy.net

Publié par les Editions Extraordinaires, Place Ramon Lull 66500 Prades, France
www.editionsextraordinaires.fr – +33 (0)977400595 – contact@edextrao.fr

Edition de septembre 2019 ; dépôt légal septembre 2019
Achevé d'imprimer par Spektar en août 2019 ; imprimé en Europe, distribué par Pollen.

ISBN 978-2-490769-08-7

Note : la science et la médecine conventionnelle ne reconnaissent pas l'existence des champs d'information ni leurs applications médicales et autres, en raison du manque de preuves scientifiques au sens de la médecine académique.

Médéric Degoy

Science, conscience et santé

Les NTIE au XXIème siècle

Le champ d'information en partage

La connaissance de l'homme
est à la base de tout succès.

Charles Chaplin

Sommaire

Seconde partie

La médecine du champ d'information

Troisième partie

Les outils du champ d'information

Quatrième partie

Vivre dans le champ d'information

Avant-propos

Médéric Degoy

Ce livre est un condensé des recherches actuelles concernant le champ d'information, ses applications pratiques et la médecine de ce que j'ai nommé les **NTIE** (**N**ouvelles **T**hérapies par l'**I**nformation et l'**E**nergie), par analogie avec les NTIC (**N**ouvelles **T**echnologies de l'**I**nformation et de la **C**ommunication). Comme les NTIC qui ont apporté la 3e révolution industrielle dans la société (il s'agit ici de la révolution de l'ère de l'information, qui a suivi la révolution de l'instruction puis celle de l'énergie), je pense que les NTIE apporteront la 3e révolution médicale :

1. La première révolution, apportée par la phytothérapie ancestrale – représentée aujourd'hui par l'industrie pharmaceutique –, a collecté empiriquement les effets sur l'organisme vivant[1] des substances chimiques : que ce soit leur action mécanique (emboitement au niveau moléculaire), chimique (échanges ou mutation au niveau atomique), biologique ou électromagnétique (déclenchement, catalyse, cascades) ;
2. La seconde révolution, apportée par la psychologie, a fait comprendre les liens corps-esprit, l'impact des émotions, et la profondeur de la psyché humaine en relation avec le monde physique. Là encore, les développements remontent très loin (on trouve dans l'Ayurveda ou la MTC des aspects sur le lien corps-esprit et les soins psychologiques) ;
3. La troisième révolution, apportée par l'électronique et l'informatique, permet un accès très précis via le champ d'information ou le champ électromagnétique à des niveaux d'information qui étaient jusqu'ici réservés à la conscience (médiumnité, outils de conscience élargie comme hypnose, méditation...) et donc difficilement transmissibles ou reproductibles. On a aujourd'hui des appareils qui utilisent des effets physiques bien compris pour systématiser ces interrogations et comprendre les effets sur le vivant.

---

[1] c'est à dire basé sur un bio-colloïdal électrique, avec les mots de Alfred Korzybski

Le champ d'information

Les outils informatisés d'accès à l'information qui fournissent les accès dont il est principalement question dans ce livre intègrent d'une manière simple et efficace un ensemble assez incroyable d'outils et de découvertes donnant accès à un niveau de connaissance encore jamais atteint. Tous ses travaux s'articulent autour du **« champ d'information »**, également nommé « inconscient collectif » par Jung, « annales akashiques » par les traditions indiennes, ou encore « noosphère » par Teilhard de Chardin... Ce support de l'information consciente ou inconsciente et partagée est étudié depuis des millénaires, mais comme tout ce qui touche à la conscience pure, il est largement laissé de côté par la recherche officielle et finançable aujourd'hui. Marcus et ses collaborateurs développent différents aspects de ce champ d'information et de ses applications.

Je présenterai plus en détail le fonctionnement de ces outils pour accéder au champ d'information en introduction de la troisième partie.

Mais laissez-moi d'abord aborder quelques points : qu'est-ce que l'énergie, l'information, le champ d'information, et où la civilisation de l'information nous mène-t-elle en tant qu'espèce et individus ?

L'énergie et l'information

En termes simples, l'énergie n'est qu'un potentiel, une réserve d'action possible ; l'information ne contient pas cette réserve mais un « mode d'emploi » : comment l'appliquer ; quoi en faire.

En pratique, on trouve très rarement de l'énergie pure sans information, et inversement. Dans leurs termes les plus purs, ils sont absolument inutiles l'un sans l'autre.

Ce couple information-énergie se retrouve dans beaucoup de symboles et phénomènes physiques, comme : Ying-Yang, réflexion-action, fréquence d'une onde-puissance, station de radio-fréquence porteuse, etc.

Dilution de l'information et niveaux d'abstraction

Il existe une certaine controverse en ce moment entre les tenants du matérialisme hégémonique et les explorateurs du monde de l'information ;

rien ne la symbolise mieux que les cris d'orfraie contre l'homéopathie.
Je ne prétends nullement défendre l'un ou l'autre de ces points de vue puisque chacun, dans le cadre de son système de croyance et des limites qu'il lui impose, a raison. Je veux simplement expliquer une notion importante en information, reprise dans le principe de la dilution homéopathique : il s'agit du « niveau d'abstraction ».

En termes simples, un « niveau d'abstraction » explique un phénomène grâce à des concepts appartenant au niveau précédent, lui-même expliquant ses phénomènes grâce à des concepts du niveau précédent, etc.

Voici mon analogie : imaginons que vous devez communiquer une information à un ami – disons, « j'ai une pomme pour toi ». Une belle pomme, brillante, bien rouge, et un parfum qui met l'eau à la bouche...

1. Le premier niveau d'abstraction sera d'aller le voir, d'attirer son attention, de lui donner physiquement la pomme. Le système nerveux de votre ami la reconnait, sait qu'il peut la manger, il comprend que vous lui donnez.
2. Le second, de lui parler, de lui dire « j'ai une pomme pour toi ». Ici, le langage parlé utilise les phonèmes de « pomme » et « pour toi » qui encodent l'information. Son système nerveux entend les phonèmes, les associent à la pomme physique et comprend le message, même si vous n'avez pas la pomme dans la main.
3. Le troisième, de lui écrire une lettre. Les mots écrits représentent le langage parlé qui représente l'objet. Vous prenez un papier, un crayon, vous écrivez puis postez la lettre. Il la reçoit physiquement.
4. Le quatrième, de lui envoyer une photo de la lettre. Ici, la chimie du papier photo représente les mots couchés sur le papier physique qui représente les sons du langage qui représente l'objet.
5. Continuons et numérisons cette photo : les photons envoyés sur le papier sont convertis en signaux électriques.
6. Ces courants électriques sont interprétés par un processeur en bits d'information numérique – un nouveau niveau d'abstraction supplémentaire, qui ouvre une propriété entièrement nouvelle : la possibilité de transmission et reproduction à l'infini, sans délai ni contrainte liée à l'espace-temps. C'est une propriété émergente qui n'existait pas auparavant et qui n'apparaît que maintenant.
7. Envoyez une copie de ces bits par mail à votre ami. Récapitulons : il obtient une copie des bits qui représentent les bits dans son ordinateur

qui représentent les courants électriques dans le scanner qui représentent les photons sur sa surface de numérisation qui représentent le papier et l'encre qui représentent des mots qui représentent une pomme.
8. On peut continuer longtemps : un mot-clé, une référence ou un nom de fichier représente la copie de ces bits ; etc.
9. Enfin, on peut aussi écrire une préface sur cette histoire de pomme.

Il est important de comprendre que les limites habituelles auto-imposées du point de vue matérialiste se situent vers les niveaux 4 ou 5 d'abstraction.

Pour revenir à l'homéopathie et au « principe de dilution » : on a perdu toute matière, dans notre exemple, au niveau 2 ; et pourtant, arrivé au niveau 8, il s'agit toujours d'une pomme – et je vous mets au défi de ne pas avoir eu de réaction physique (saliver) à la lecture de cette préface (niveau 9). Dire « il n'y a plus de matière du principe actif dans ces granules » c'est dire « il n'y a pas d'encre dans ce mail » ; pourtant, vous salivez en le lisant.

Le « principe de similitude » reviendrait ici à écrire à votre ami une information qui lui expliquerait, de manière à ce qu'il en prenne conscience, quelque chose qui l'impacte mais sur lequel il n'avait pas encore mis de mots. La même information, cette fois-ci, aura un effet spectaculaire et, pourquoi pas, thérapeutique (soignant l'impact qu'avait cette même information tant qu'elle restait inconsciente), simplement du fait qu'elle lui arrive sur un autre niveau d'abstraction (elle était déjà présente en lui, en témoigne ses effets délétères !).

J'ai commencé en 2012 un documentaire dont la question simple est : « Qu'est-ce que la réalité ? »[2]. C'est cette recherche personnelle, qui mène à la conscience, l'intention, les modèles du monde, et la compréhension des mécanismes physiques et biologiques qui m'a finalement aussi mené à ce livre qui reprend différentes notes de conférence ; j'espère réussir à vous transmettre l'incroyable richesse de ces points de vue et à vous communiquer la largeur d'esprit et les nouvelles perspectives qu'on en obtient, tout en vous présentant mes excuses pour le style parfois lapidaire de ces notes « prises sur le vif »...

Des Pyrénées,
Médéric Degoy

---

[2] Cf. Le site internet : inreality.video

Le hasard n'existe pas

***Marcus Schmieke*[3]**

Le principe fondateur derrière notre approche du champ d'informations est celui qu'on retrouve derrière chaque spiritualité ; chaque individualité est une partie d'un tout, la vie de chacun de nous contribue au processus complet de l'humanité, pourquoi chaque vie est importante, rien n'est sans signification. Quand on est heureux, on ne se demande pas : « Mais quelle est la raison derrière mon état ? », alors qu'on se pose cette question quand on souffre. En réalité, rien n'a aucun sens ; mais tout ce qu'on vit a une raison d'être.

On a l'habitude de dire quand on voit quelqu'un qui souffre beaucoup : « C'est soit un grand pécheur, soit un grand sage » ; je ne le crois plus, je pense qu'on est une partie d'un tout et que la souffrance contribue au soin de l'humanité. Ceux qui se soignent de leurs souffrances soignent la conscience de l'humanité. Ho'oponopono dit : « soigne-toi pour soigner le monde ».

Le thème d'une des conférences sera le pouvoir des fréquences. La raison est la suivante : Carolyn McMakin est notre invitée spéciale des Etats-Unis et nous avons spécialement construit cet événement autour de ses nombreuses années d'expérience dans ce domaine.

---

[3] Marcus Schmieke est inventeur et créateur des outils utilisés dans ce livre ; pour en savoir plus sur son parcours et les principes et inspirations qui l'ont poussé à créer ces systèmes, *cf.* « La seconde voie », Marcus Schmieke, même éditeur.

Synchronicités

On abordera également la physique quantique ; laissez moi vous raconter une histoire qui s'est passée après la dernière conférence d'été de nos utilisateurs ; je suis allé en Chine, et j'ai rencontré un moine bouddhiste qui m'a annoncé que j'avais été un moine il y a 2500 ans en Chine. Je n'y ai pas trop repensé et j'ai passé 10 jours bien remplis en Chine. Lors du voyage de retour, j'ai lancé par erreur un film en chinois et c'était l'histoire de deux moines de cette époque... Je vis souvent ce type de synchronicités ! L'histoire était celle d'un moine chinois parti en Inde, par l'Himalaya et le désert de Gobi, qui a rencontré Bouddha. En regardant par la fenêtre, nous étions au-dessus du désert de Gobi... En rentrant au bureau, j'avais sur mon table un livre, *La doctrine de la conscience pure* qui était en anglais, chinois et sanscrit, dont l'auteur était justement un moine de cette époque... j'étais maintenant très motivé pour lire ce livre !

Ce livre explique que la seule réalité ultime est la conscience ; il est basé sur des anciens textes sanscrits. Aujourd'hui la physique quantique arrive aux mêmes conclusions, sur la conscience, la dualité... ce n'est sans doute pas la réponse ultime mais c'est le meilleur modèle que nous connaissons actuellement. Roger Penrose a dit : « Si vous croyez en la physique quantique, vous ne pouvez pas la prendre au sérieux ». En effet, pour que la physique quantique soit valable, il y a un pré-requis : il est impossible de connaître en même temps tous les paramètres. Heisenberg a prouvé qu'il était impossible d'observer un système sans le modifier.

Les conséquences sont énormes ; par exemple, les systèmes quantiques sont non- locaux. Une événement qui a lieu ici peut avoir une répercussion dans l'univers entier. Jung parlait d'inter-connectivité.

En réalité, il n'existe pas de séparation et de dualité. Il n'existe pas de raison pour la survenance d'un événement quantique. Il existe des coïncidences.

Un nouvel archétype a été construit dans l'inconscient collectif depuis la découverte de la physique quantique. Cette entrée créative n'existait pas auparavant.

Comme les 32 cartes, les 64 cases du jeu d'échec, les nombres des jeux ont des raisons archétypales, ils sont liés à des divinités dans les religions par exemple. D'ailleurs dans les cultures anciennes, les hommes n'avaient le droit de compter que jusqu'à 4, la suite était le domaine des dieux.

Les archétypes sont des moyens de trouver les raisons et les représentations d'une réalité ultime au niveau de la conscience ; notre base de données est en réalité une base de connaissances d'archétypes et de systèmes conscients.

Faites l'expérience : penser avant à une expérience et la vivre ensuite est très différent de la vivre d'abord et d'y penser ensuite.

Penser et ressentir sont deux facettes complémentaires qui donnent deux facettes différentes de la réalité.

Notre réalité émane des deux facettes de la conscience (conscient et inconscient). Ces interrelations non-échangeables en forment la trame.

On cherche toujours la cause et l'effet. Par exemple, en médecine, on essaie de reproduire la cause et l'effet. Mais on a également des relations causales comme dans l'information, c'est un processus créatif où on ne comprend pas vraiment les liens entre causes et effets.

À un congrès d'homéopathes, je leur ai demandé s'il y avait plus que du lactose dans les gélules. Oui, ont-ils répondu, il y a de l'information localisée. Si je la prends, cette information va entrer dans le corps. Je leur ai répondu que non, c'est scientifiquement prouvé que cela ne marche pas comme ça, sinon cela serait prouvé par des études en double aveugle. La vérité est qu'il y a des relations causales, non locales dans l'homéopathie. Il est impossible de le prouver par une relation de cause à effet. Il existe une interrelation entre les praticiens, les patients, et les remèdes, basée sur les archétypes.

Un groupe faisant des essais cliniques aura des résultats formidables sur un symptôme, mais un second groupe cherchant à reproduire l'expérience pourra avoir des résultats non significatifs, cela a été prouvé maintes fois.

On est au-delà de la pensée locale, causale. Cela est dû au fait que la réalité est un système de conscience et si on se base sur une description quantique de la réalité, on peut mieux en comprendre les enjeux paradoxaux.

Nous reviendrons plus loin au thème des fréquences...

Première partie

Science et Conscience

Particule, onde, fréquences : qu'est-ce réellement ?

Pr. Jan Rak[4]

Je travaille comme physicien quantique au CERN, nous cherchons à modeler la réalité. Cela fait plus de 100 ans qu'on a décrit ces modèles, mais la plupart des gens sont encore dans une logique déterministe pure.

Je vais vous présenter nos dernières recherches sur la nature de la réalité. Nous sommes au cœur d'une redécouverte et d'une fusion entre les dernières avancées et les savoirs traditionnels.

La physique traditionnelle prévalant en occident est basée sur un schéma matière/esprit/temps (Copernic, Galilée...) ce qui a conduit à la dichotomie entre science et religion. Ainsi, aujourd'hui, la plupart des scientifiques s'interdisent de parler de conscience. On s'est de plus en plus éloigné de l'esprit, ce qui a conduit à de grandes découvertes dans le domaine de la matière (révolution industrielle...). Mais depuis le début du XXe siècle, les choses sont devenues beaucoup plus complexes et la science s'est à nouveau rapprochée du domaine de l'esprit et éloignée du domaine de la matière pure. Les découvreurs -Schrödinger, Bohm, Pauli, Heisenberg...- ont appelé cela le mysticisme quantique.

Cette controverse plutôt allemande, à l'esprit ouvert, a dérivé dans les années 50 vers le monde anglo-saxon et le mysticisme a totalement disparu sous leur égide, pour devenir pragmatique (nucléaire etc...) Il a alors été

---

[4] cf. « En réalité »

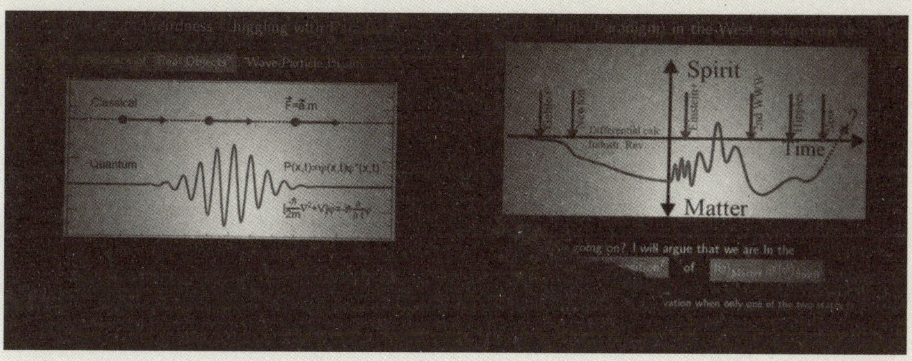

décidé que l'observation ne fait pas que l'atome existe, mais fait qu'on en trouve l'emplacement. Cela a été une décision à l'époque.

Tout le monde connait le paradoxe du chat de Schrödinger (le chat peut être vivant et mort à la fois), qui a marqué en 1958 la dernière génération mystique dans la physique quantique.

Aujourd'hui, la question est de savoir vers quoi tend le futur : plus d'esprit, plus de matière ? Quelle est la vérité derrière la réalité ?

Pour moi, la réalité est une superposition quantique de probabilités, mais je vais y revenir.

L'existence des objets réels

La dualité onde-particule : le déterminisme dit que pour chaque objet on peut connaître tous les paramètres ; si on connait la vitesse et la position d'un objet, on peut calculer sa trajectoire. Au contraire, dans le monde quantique, on ne peut prévoir qu'une onde de probabilités.

Cela conduit à de nombreux paradoxes (c'est à dire des choses qu'on ne comprend pas habituellement avec notre mental ; mais pour moi c'est maintenant tout à fait naturel !).

À propos de l'intrication, Bell a développé une théorie de la variable cachée qui est assez géniale.

L'effet quantique Zeno montre la suppression, les transitions entre les états quantiques par le simple fait de mesurer en permanence (une bouilloire qu'on bouge et ouvre en permanence pour vérifier l'eau ne bout jamais). Quand l'observateur observe, le temps se fige !

La télépathie, la téléportation, les choix après l'événement (expérience de Wheeler), le vide non vide (énergie du point Zéro, expérience de Casimir)... tout ceci est totalement normal dans le monde quantique.

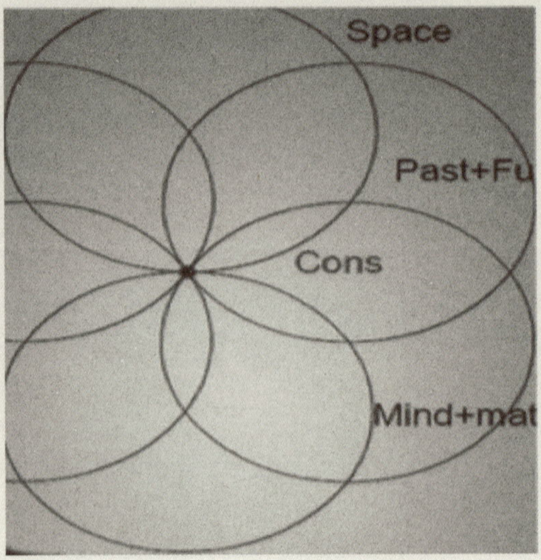

Le mysticisme quantique : qu'en apprendre ?

La théorie quantique générale montre la complémentarité entre localité et causalité.

La théorie de la pensée fait le lien avec la neurobiologie et la physiologie : le cerveau serait un système quantique infiniment complexe. Le neurone créé des harmoniques à 11 dimensions de superposition quantique de tous les signaux électrochimiques. Ceci créé la conscience individuelle et la pensée dans un hyperespace à 11 dimensions.

On retrouve ces 11 dimensions dans les 11 sens de proprioception, les 11 dimensions de la théorie des cordes. Le Blue-Brain Project (littéralement « cerveau bleu ») a pour objectif de créer un cerveau synthétique par processus de rétro-ingénierie. Fondé en mai 2005 à l'École polytechnique fédérale de Lausanne (EPFL) en Suisse, ce projet étudie l'architecture et les principes fonctionnels du cerveau. Il a été étendu, en 2013, au Human Brain Project (HBP), également dirigé par Henry Markram, mais financé principalement par l'UE.

Dans le cerveau, les signaux audio et vidéo s'entrelacent et créent l'information qui est amplifiée si l'audio et la vidéo sont en harmonie (c'est plus clair, plus musical – et non plus fort). Si au contraire les signaux sont disharmoniques, les potentiels électriques s'annulent et tout est plus fou et moins musical.

Ceci explique le rôle de l'observateur dans une expérience quantique.

On peut prouver qu'il n'existe rien d'autre que le moment présent. Les 11 dimensions sont équivalentes. Si je pense au passé ou au futur, ces éléments rentrent dans le présent. C'est la paradigme dynamique.
La localité et la causalité sont facultatives. Cela permet l'accès à d'autres niveaux de réalité.
Les effets quantiques deviennent visible au niveau visuel.

Conséquences émergentes

La conscience est un point (cf. le schéma page de gauche). Un espace est créé par ce point de conscience. Le passé et le futur forment un espace partiellement interconnecté : l'espace créé par cette conscience et le point de conscience. (Une expérience dans le passé crée une observation qui engendre une histoire particulière dans la conscience et une ramification qui aura aussi des répercussions dans le futur, mais tout ceci se décide au présent).

D'autres espaces se trouvent autour de ce point et sont interconnectés avec les autres : esprit et matière ; statique et dynamique ; plus et moins ; le tout et les parties ...

La pensée et le mouvement sont fondamentalement liés. Cela implique de nouvelles possibilités de conscience (respiration, expériences particulières, chute libre...)
Il existe un grand projet actuellement, Science21, à la frontière de tous ces domaines.

Sauter en parachute dans le champ quantique

Dr Robert Polnicky ; Pr Jan Rak

Dr Robert Polnicky

Je suis pratiquement né sur un aéroport, j'ai toujours pratiqué le saut en parachute.

Je suis médecin et en observant mes patients, j'ai remarqué que tous ceux qui sautaient en parachute voyaient leurs maladies psychosomatiques disparaître pendant 6 mois, un an, maximum un an et demi ; ceci sur des centaines de patients, dans 100% des cas.

J'ai donc travaillé sur ce phénomène et développé une théorie.
Le cerveau est la machine la plus complexe de l'univers que je connaisse. Une heure ne suffira pas pour en parler.

100 milliards de neurones ! Je vais faire de mon mieux pour vous en parler. Chaque neurone a de 5 à 2000 connexions.
Imaginez une araignée, qui a des tissus minuscules, et avec ses 8 pattes, elle peut vivre, avoir des relations, construire une toile d'araignée...
Le facteur principal pour la pensée est le nombre de synapses, non le nombre de neurones. Chaque dixième de seconde, des milliers de nouveaux synapses sont créés. Pendant cette conférence, vous aurez des millions de nouvelles connexions. Ce développement physique dynamique est incessant.
Il y a plus de connexions dans un cerveau humain que d'étoiles dans l'univers. Ainsi, toutes les informations perçues sont stockées et ne sont JAMAIS oubliées.

Le substrat de la pensée est le corps entier, le cerveau est comme le processeur. Le mouvement est le générateur principal de l'activité et de la pensée. Voyons cette connexion du point de vue de l'évolution : c'est l'évolution du mouvement. Jusqu'à il y a 40 ans, nous n'avions que le mouvement horizontal, mais est apparu la possibilité de la chute libre.

Au début, comme une méduse, nous n'avions aucun sens autre qu'un nez sensible aux éléments chimiques, et des muscles. Une molécule sentie déclenchait un mouvement. C'est ainsi que le système a débuté, avec des connexions qui déclenchaient des mouvements depuis une analyse chimique (le nez).
L'apparition dans l'évolution du mouvement résulte de la sélection et du développement d'organismes dont le modèle neuronal suit la formule logique de deux actions : rapide (fuite d'une « mauvaise » odeur) et lent (vers une « bonne » odeur).

Ainsi, l'odorat est la base du système neuronal, en tant que premier développement. Sur cette architecture, la pensée se manifeste en tant que sentiment, émotion (mais pas sensation).
Le système olfactif est le substrat de toutes nos émotions. Graduellement, d'autres sous-systèmes se sont développés : l'analyse vectorielle d'objets dans l'espace, de changements de pression, l'analyse chimique de la nourriture, la thermorégulation, l'équilibre, l'analyse mécanique de l'environnement immédiat, le système de réaction réflexe, la proprioception - conscience de chaque partie de son corps... Tous ces systèmes se sont développés et imbriqués les uns dans les autres, autour de l'analyseur chimique, pour créer un mécanisme biologique parfait dont le but est de contrôler le mouvement pour pouvoir prédire les événements pour augmenter ses chances de survie.

Tous les phénomènes intra-personnels sont générés par des sous-systèmes biologiques existants. Toute l'activité mentale est la combinaison des signaux sensori-moteurs, comme une table de mixage mélange et équilibre des sons différents. Ainsi une situation qui « pue » utilise en réalité son système olfactif pour analyser la situation dans une valeur négative.
Une pensée est l'accumulation harmonique de tous les signaux des sous-systèmes, en temps réel, comme un orchestre ou tous les instruments individuels jouent en harmonie. Un seul instrument peut rompre

l'harmonie !
La pensée et le mouvement sont fondamentalement indissociables. La pensée contrôle le mouvement, et le mouvement est le générateur de la pensée et contrôle sa qualité et son intensité.

La conscience, du point de vue physique

Du point de vue physique c'est un état :

- Où le signal optique (300.000km/s) est converti en signal bio-électrique dans le réseau neuronal (1-120m/s)
- Où le signal sonore (300m/s) est converti en signal bio-électrique dans le réseau neuronal (1- 120m/s)
- Où les autres sous-systèmes (y compris la proprioception) convergent à la même vitesse dans le réseau neuronal
- Où tout ceci irradie et crée ensemble une superposition harmonique à 11 dimensions de tous ces signaux électrochimiques, perçu comme un objet réel, un modèle interne absolument identique à la réalité externe (expériences avec IRM).
  La conscience est le générateur principal du mouvement.

La théorie de la pensée

Un bébé est conscience pure avec une plasticité infinie (déjà 30 milliards de neurones).
En grandissant, il observe en permanence un ensemble d'informations, de situations, ce qui créé des données complexes où chaque formulation verbale est incluse dans chaque objet, phénomène, situation, etc.
Par exemple, s'il voit un chien à chaque fois que sa mère dit « chien », quand il voit un chien, il entend dans sa tête la voix de sa mère qui dit « chien » et quand il entend « chien », il a alors un hologramme en 4 dimensions du chien dans sa tête.
Le processus de pensée (prise de conscience) est la corrélation harmonique des signaux visuels et auditifs. Les récepteurs visuels projettent dans tout le réseau neuronal une image modèle 3D complète ; les récepteurs auditifs y

projettent un modèle 3D acoustique complet y compris la visualisation optique.
Si les deux signaux sont en harmonie, les deux potentiels électriques sont amplifiés et visuellement plus clairs (comme grossis), et auditivement plus musicaux (plus beaux, et non plus forts). C'est pour ça qu'on dit « je vois » quand on comprend quelque chose, ou « c'est harmonieux »...
Au contraire, en cas de dissonance, alors les signaux électriques sont diminués et ils sont visuellement plus faibles et auditivement moins musicaux.

Pr. Jan Rak, CERN

Je travaille au CERN sur les plasmas, et j'ai travaillé toute ma vie sur la conscience et la réalité. La réalité est créée par l'observateur ; je l'ai constaté tout au long de ma carrière.

Toutes ces expériences sont à la frontière de la physique officielle et je cherche depuis des années comment coopérer avec des chercheurs à la limite de ces recherches. On est confrontés à tellement de choses paradoxales qui s'opposent aux paradigmes de la physique.

Avec Robert, nous avons essayé beaucoup de méthodes et nous mettons en place une université autour de ces concepts.

Robert : « Ce qui se passe quand on saute en parachute, d'après ces théories, est que la neuro-performance (quand les images et les sons sont vraiment en cohérence) augmente ».

La neuro-performance est un indice qui montre la partie qu'on peut réellement utiliser de nos capacités dans des matières (mathématiques, musique, sport...)

Initialement, on pensait en terme de dons innés venant de Dieu ou de l'univers. Nous avons découvert que c'est faux, la réalité est qu'il faut retourner le graphique et ne voir que la partie « blocages » au dessus de la courbe ; tout ce qu'on peut débloquer, permet d'augmenter les potentiels dans chaque matière.

En comprenant ce principe, plus personne n'a plus aucune limite.

Tout est lumière

Jan Frederik Poleszynski

D'un point de vue physique, on peut prouver que tout ce qui se passe dans notre corps est électromagnétique, on peut le réduire à des ondes électromagnétiques et donc à des photons (quanta d'énergie).

L'univers est constitué de 99.99999% d'énergie et 0.00001% de matière ; on ne sait presque rien de ces 99.99999% et on croit savoir un peu sur les 0.0000001%.

L'énergie est distribuée comme des ondes de lumière, selon un large spectre de fréquences.

99% des molécules de notre corps sont des molécules d'eau. L'eau conduit la lumière.

L'information est conduite par des vagues de lumière. Par exemple, lors d'une éruption solaire, les problèmes de santé augmentent, les statistiques des hôpitaux le montrent.

La lumière est une énergie EM informée, fondamentale pour la vie.

Quelques faits :

- L'effet photoélectrique (transfert de l'information à des électrons)
- L'ADN est de l'énergie informée qui peut être transférée à des électrons (ADN fantôme)
- *L'ADN émet des photons (biophotons). Les cellules en bonne santé en émettent plus.* Fritz Albert Popp

- Le cœur génère des photons EM qui portent de l'information « l'intelligence du corps » - L'ADN change de forme selon l'émotion des gens
- Les séropositifs ont 3.000.000% de chances de survie en plus s'ils ont des sentiments d'amour, de compassion.

En Chine, on parle du cerveau supérieur (le cerveau), du cerveau milieu (le cœur), et du cerveau bas (l'estomac).

La santé au niveau des cellules et le voltage

On peut mesurer directement la santé cellulaire en termes de voltage ou de pH, puisque le pH n'est qu'une manière d'exprimer de l'électricité.

Avec un voltage faible, la cellule ne produit plus d'ATP et ne peut plus que se diviser en fermentant (aka Cancer). Il est intéressant de constater que les cellules du fœtus ont tout d'abord un voltage faible pour se diviser, puis il augmente au fur et à mesure de la spécialisation des cellules, afin qu'elles conservent leur état spécialisé.

Même dans l'eau, on peut constater un potentiel électrique (cf. 4e état de l'eau et recherches de Pollack).

Le travail principal du métabolisme est de réaliser des transferts de protons et d'électrons.

Ces transferts sont directement résultats de la lumière qu'on reçoit, affaiblis par la lumière bleue ou l'électro-smog.

En réalité, plus on essaie de comprendre les mécanismes du métabolisme, plus il est impossible d'en trouver ne serait-ce qu'un seul qui ne soit pas relié à l'électromagnétisme.

La lumière et l'eau font la vie.

Ce qui interrompt le flux de lumière

- Les cicatrices physiques et émotionnelles

- Les infections (en particulier, dentaires et mâchoire) qui « volent » de l'énergie
- Les émotions et traumas créent des champs électriquement bloqués et changent les fréquences
- Les blocages dans la colonne vertébrale
- Le manque d'éléments de base (minéraux = électrolytes = qui transmettent l'électricité)
- La nourriture, selon notre rythme circadien ; la nourriture contient l'information des longueurs d'onde du soleil, où et quand elles ont poussé : cette information régule ensuite les processus physiologiques dans notre corps. Il est donc important de manger des nourritures locales et de saison, pour des raisons d'information et de régulation du corps !
- Trop peu d'eau, ou de l'eau contaminée. L'eau stocke l'énergie, et une eau de mauvaise qualité est bien moins capable de le faire.
- Le stress (toutes les formes affectent le corps). Quand le rythme cardiaque augmente, que la tension artérielle augmente, cela diminue nos mécanismes d'auto-guérison et utilise une grande partie de l'énergie disponible.
- Les toxines qui détruisent le flux de lumière (mercure).
- Les radiations artificielles (électro-smog). Depuis 10 ans, le taux d'électro-smog a été multiplié par 20 ; on prévoit un doublement chaque année de ce taux avec l'installation de nouveaux protocoles, comme la 5G. On prévoit des effets très importants à cause de la 5G qui utilise les mêmes fréquences que les armes EM développées par l'armée américaine.

Renforcer le lien corps-esprit

Dr. Polnicky

1. Qu'est ce que la conscience individuelle ?
2. Quel est la raison de la conscience et de la pensée ?
3. Quelle est la différence entre pensée et conscience ?
4. Comment sont ils connectés avec le mouvement ?
5. Peut-on mesurer de manière objective leur intensité et leur qualité ?

Je pense que nos recherches ont le potentiel de répondre à ces questions.

L'opinion générale est que nos différents talents/capacités/potentiels sont des dons de l'univers, liés à l'ADN ou autre. On pourrait faire un graphique en barres mesurant nos capacités dans différents domaines. Ce serait comme des capacités maximum qu'on ne pourrait pas dépasser. C'est en réalité absolument faux. Il s'agirait plutôt de retourner le graphique pour trouver le niveau des blocages acquis dans chacun de ces domaines !

Chacun de nos blocages vient d'une situation donnée, concrète.

Au contraire de capacités innées, il s'agit de blocage acquis. Leur source est la personnification de la peur.

Les principes physiques de la pensée, en bref :

- La pensée est une évolution du système moteur, dont le but est de contrôler les mouvements avec une capacité de prédiction des événements pour augmenter les chances de survie. Si on remonte le temps, on débute avec le nez (l'odorat) : sent bon ou mauvais : bon ou danger.

- Pour cette raison, la pensée et le mouvement sont fondamentalement liés. Chaque pensée a son corollaire de mouvement et vice-versa.
- Le processus de pensée est donc créé par le corps entier, pas seulement par le cerveau. Le cerveau coordonne tout ceci.
- Ainsi tous les phénomènes intra-personnels sont générés uniquement par des sous-systèmes biologiques existants. Par exemple si on ne possède pas de sous-système détectant les radiations, on va joyeusement marcher dans un champ radioactif, ce n'est que plus tard qu'on apprendra ce qui s'est passé.
- La conscience est est une superposition harmonique à 11 (12) dimensions de tous les signaux sensori-moteurs. Elle est émise comme un objet réel, qui est un modèle interne absolument identique à la réalité externe. On peut mesurer en temps réel un système électro-chimique réel interne existant en soi.
- Le processus de pensée est la corrélation harmonique des signaux vidéo et audio principalement, et des autres systèmes secondairement. Ces signaux sont inclus dans l'objet de pensée.
- Les 11 (12) dimensions de la conscience :
    - ✦ **Odorat**
    - ✦ **Vision**
    - ✦ **Audition**
    - ✦ **Toucher**
    - ✦ **Goût**
    - ✦ **Récepteurs de chaleur** (thermorécepteurs)
    - ✦ **Récepteurs de froid** (thermorécepteurs)
    - ✦ **Proprioception** (la proprioception ou sensibilité profonde désigne la perception, consciente ou non, de la position des différentes parties du corps)
    - ✦ **Récepteurs de douleur**

- ✦ **Récepteurs vestibulaires** (un organe sensoriel barosensible, situé dans l'oreille interne, qui contribue à la sensation de mouvement et à l'équilibre chez la plupart des mammifères)
- ✦ **Interocepteurs ou viscérocepteurs** (sont des récepteurs internes et réagissent aux stimulations du milieu intérieur)
- ✦ **Vibration** (en cours de discussion)

Pour la pensée, ce sont les mêmes mais la vision (VIDEO) et l'audition (AUDIO) sont bien plus importants.
La conscience est un système de réaction très rapide. La pensée construit des objets plus complexes, comme le langage, construit sur des objets audio-video.
Tout ce qu'on voit est transformé en son ; si on ne connait pas un objet, il n'est pas reconnu.

Qu'est ce qu'un blocage ? C'est :

- une mauvaise connexion entre l'audio et la vidéo, une information improprement complexe. Par exemple une mauvaise connexion identifiée entre la vision, enfant, d'un documentaire sur les alligators et la peur de nager dans la mer, vient de l'absence de l'information que les alligators n'ont jamais existé en Europe.
- Et/ou une relation disharmonique qui a été établie ;
- et/ou une instabilité émotionnelle connectée à une situation.

Basé sur cela, on va développer une quantité mesurable qui décrit le niveau actuel de performance dans différents niveaux.
La performance « normale » est quand on atteint 100% de ses capacités dans un domaine particulier. Un gymnaste qui effectue un mouvement à la perfection. Un pilote, un peintre, un écrivain... Dans ce sens, la prospérité signifie le succès maximum atteignable dans un domaine particulier.
La performance neurale réduite est un état où un degré inférieur, sous-normal de prospérité est atteint : fautes, auto-amélioration réduite, problèmes de communication, mauvaise humeur, auto-agression, dépression, pessimisme, erreurs, confusion, stress, tensions internes, mécontentement, et surtout l'**absence de présence**.

La performance neurale améliorée, caractérisée par une amélioration notable de la prospérité, est atteinte avec : la compréhension soudaine d'un problème récurrent, l'activation de nouvelles compétences.
Les mesures sont extrêmement variables, très différentes des autres mesures comme celles de QI, les évaluations physiques etc. qui sont basées sur des standards et sur des capacités prétendument fixées par rapport à elles, alors qu'en réalité les niveaux de performance peuvent changer en quelques secondes.

Nos outils permettent d'identifier l'approche de minimums de performances et donc d'éviter des problèmes potentiellement graves, avec une méthode standard et reproductible. Des méthodes complexes, impossibles à truquer : des simulateurs complexes, la chute libre, le pilotage, l'équilibre dynamique, la gym, ...

Comment activer notre conscience corps-esprit ?

- Un moyen est de reconnaître consciemment que nos limites supérieures ne sont plus valides.
- L'identification de l'origine des inhibiteurs spécifiques permet de réduire son activité ou de l'éliminer totalement.
- Enfin , la recalibration de notre système senso-moteur et l'utilisation de nos sous-systèmes comme ils ont été initialement prévus de fonctionner.

Les mondes de la conscience : la culture, extension de la conscience

Pr. Harmut Schröder

L'une de mes approches a été la linguistique comparée ; en considérant l'ensemble des langages de la terre et en les comparant, on commence à approcher l'une des entrées possibles de la nature de la conscience.

Une de mes surprises est le finnois ; mais soyons complètement honnête : avez-vous une définition précise de la conscience ?
Je pense que chacun a une idée un peu différente de cette réponse.

L'un de mes pré-requis est le suivant : pour pouvoir parler de la conscience, il faut avoir de la conscience ; le langage et la conscience sont liés, et le langage et la culture sont également liés.

Le sujet peut-il s'observer lui-même et faire de lui-même l'objet de l'observation ?

Pour le langage c'est pareil : il faut un langage pour décrire le langage. En linguistique, on a trouvé une solution : on assume que le langage qu'on observe est basé sur un méta-langage artificiel qu'on créé pour décrire l'objet-langage qu'on essaie de décrire ; ce méta-langage est une sorte de description technique.

Pour la conscience, de même, il faut aller au méta-niveau pour essayer de conceptualiser ses principes.

Même si ma présentation va plutôt finir sur des questions que sur des réponses, je vais vous présenter mes lignes de recherche.

La base de ma présentation est : « *Toute culture est une extension de la conscience* » (Jung)

Bien sûr, il est très difficile de définir chacun de ces termes... On peut dire que Jung parlait subjectivement de la conscience humaine.

Il existe 2 moyens d'étendre la conscience : par des artefacts (techniques), ou par le travail intérieur.

Où en sommes nous aujourd'hui ?

Par exemple, aujourd'hui, je peux vous parler grâce à de la technologie ; j'ai un micro, je porte des lunettes pour vous lire... Dans une mesure la technologie nous aide, et dans une autre il y a une part de travail intérieur.

Le credo des développeurs informatiques est que ce n'est qu'une question de temps pour que les intelligences artificielles dépassent l'humain. Le neuro-capitalisme est lié à l'industrie de la conscience ? Le capital de la conscience... Par exemple, une société, OpenWater, veut créer des technologies d'extension de la conscience, avec un produit prévu pour 2020 pour la télépathie ; Elon Musk pense que l'IA est un plus grand danger que les bombes nucléaires, il serait donc impératif de fusionner l'intelligence collective humaine avec l'intelligence technologique.

Remarquez l'accent sur l'intelligence collective humaine ; on est dans la catégorie du téléchargement de l'esprit et de la fusion. On touche à la notion de Dieu avec la fusion des âmes...

Le champ de la neuro-stimulation, neuro-modulation, apps etc. représente 300 milliards de dollars de recherche en ce moment. La médecine de 2030

Forschung & Lehre a publié un article intéressant fin 2016. D'ici 10 ans, ils prévoient qu'on soit deux fois en meilleure santé que maintenant grâce au fait que la connaissance scientifique double tous les 10 ans.

Je ne pense pas, je pense au contraire que si on ne travaille pas sur la conscience, on risque au contraire d'être 2 fois plus malade !

Qu'est ce qui définit la conscience humaine ?

David Gelernter estime qu'on ne peut introduire de la conscience dans la machine, que si on comprend parfaitement la conscience humaine ; la part la plus importante de la conscience humaine est l'introspection, c'est ce qui fait sa spécificité (sentir comment on se sent). Comme est-ce possible ? Un ordinateur en est-il capable ?

Les ordinateurs ne rêvent pas ; sa conclusion est que les laboratoires scientifiques ne seront pas l'endroit où comprendre la conscience, mais plutôt le champ littéraire. Ce qui nous ramène à l'art : la spécificité de l'esprit humain d'apporter des choses complètement nouvelles.

Il analyse la structure de l'esprit, en 2 parties :

- La partie inconsciente, dont la mémoire (donc le passé) ; stockage.
- La partie consciente, qui ne n'occupe que du moment présent ; émotion et cognition.

Pour lui, l'être ne peut être calculé et réduit à un programme.

La joie, le bonheur ne peuvent pas être calculés ; ce sont des états d'esprit. L'analogie entre l'esprit et l'ordinateur n'aurait donc pas de sens. Les émotions sont des parties du corps en réalité. Les sentiments peuvent être exprimés par le langage mais appartiennent en réalité au corps. Il existe alors le langage du corps.

La conscience a aussi 2 parties :

- La partie extérieure, sensations
- La partie intérieure, mémoire et pensées

Il conclut « rien n'est plus beau que l'esprit humain » et les rêves en sont une partie importante. Chaque nuit, notre esprit nous dit qui on est ; et chaque matin, on l'oublie...

La médecine aux pieds nus

En chine, des médecins se déplaçaient pieds nus de village en village, avec peut être uniquement quelques aiguilles, pour prodiguer des soins dans des endroits reculés.

En Europe, ce terme concerne la médecine sans aucun moyen technique, comme par exemple dans les zones de guerre.

Que reste il quand la technologie disparaît ?

- L'attitude intérieure : être ici et maintenant ; aider.
- La nature : le vrai docteur ? Naturopathie, physiothérapie...
- La culture : la conscience... la culturopathie ?
- Le soin, en lui-même : le miracle de l'auto-guérison

La culture peut être définie comme la seconde nature de l'homme ; pour survire sur terre, l'homme a besoin de la culture à côté de la nature.

« la culture est un système de signes nécessaire pour le soin. » (Illich)

La culture a une fonction hygiénique, qui nous aide à gérer la douleur. Elle nous aide à gérer la mort ; nous ne pensons pas que les animaux aient une culture de la gestion de la perspective de la mort.

C'est donc notre attitude intérieure qui est la plus importante.

Tous les types de soins sont liés à la conscience. Kant, Hufeland pensent qu'il est possible de se soigner entièrement simplement grâce à l'imagination. Kant décrivait, à la fin de sa vie, ses sentiments détachés des douleurs que lui causaient son corps, grâce à son esprit.

En 2030, nous connaitrons peut-être parfaitement les mécanismes précis de chaque maladie ; mais nous gagnerons au mieux si on développe le champ de la conscience, et la médecine consciente.

La force de la nouvelle connaissance

Pr. Jan Rak

Celui qui croit en Dieu, est près de Dieu

Celui qui croit profondément en Dieu est très près de Dieu

Celui qui sait, est Dieu.

Qu'est ce que la science ?

- Qu'est ce que la réalité objective ?
- Qu'est ce que la vie et son sens ?
- D'où vient la conscience ?
- D'ou vient l'univers ?
- Que suis-je ?
- Qu'est ce que le Vrai ? Quel est le sens de la vie ?

Pour ces questions, il existe plusieurs catégories de personnes :

1. Ceux qui doutent de la nouveauté :
   A. les sceptiques
   B. les religieux ; acceptent tout ce qui rentre dans leur modèle, rejettent tout le reste.

2. Les rebelles, critiques mais ouverts d'esprit ; toujours prêts à abandonner un modèle pour un nouveau modèle meilleur (Pythagore, Archimède, Ptolémée, Euclide, Euler, Galilée, Copernic, Tesla, Einstein...)
3. Les ignorants : en mode survie.

En général 3 → 1 et 1 ↔ 2

« Le jour où la science étudiera les phénomènes non physiques, elle fera plus de progrès en 10 ans qu'elle n'en a fait en un siècle » ***Nikola* Tesla**

Pendant des siècles, la science a travaillé sur le monde extérieur, la réalité objective. Matérialiste (la matière d'abord, la vie et la conscience sont apparus par hasard), dualistique (objet/sujet, eux/nous, dieu/diable...), causale (cause et conséquence, raison objective), amorale (l'éthique en est absente).

Il existait en parallèle un monde extérieur porté par les religions ; le mysticisme attribuait ses caractéristiques aux mystères insondables.

On constate donc une dichotomie science-religion ; comment répondre à nos questions posées ci-dessus, avec cela ?

On a par exemple des théories (relativité générale, big bang) qui modèlent un univers qui serait apparu de rien, contenant 96% de matière inconnue et 4% de matière normale. Dans un accélérateur, on créé autant de matière que d'anti-matière, pourquoi l'univers n'en a pas créé un nombre équivalent ?

On est en réalité face à 10 dogmes scientifiques à questionner :

- La nature est mécanique. Tous les systèmes dans la nature seraient des robots avec un programme génétique.
- La matière est inconsciente. Les étoiles, plantes, l'eau etc. sont juste des objets matériels
- Les lois de la nature sont fixées à jamais ; débutant au Big Bang, constantes jusqu'à la fin.
- La conservation de l'énergie
- La nature n'a aucun but
- L'hérédité biologique
- La mémoire est dans le cerveau

- L'esprit est dans le cerveau
- Les psy, médiums, télépathie... sont des illusions chimiques
- La médecine mécaniste

Tesla attendait en rêve une synthèse pluridisciplinaire... Il faudrait donc une nouvelle science qui fusionne :

- La physique quantique
- La théorie de la relativité (le temps et l'espace sont relatifs ; plus on s'approche de la vitesse de la lumière c, plus temps ralentit ; pour la lumière, il n'y a pas de temps, et donc pas d'espace ! La lumière serait-elle donc la manifestation fondamentale de la conscience universelle ? Depuis la terre, la lumière du soleil met 8 min 20 à nous arriver ; mais vu depuis le photon, il faut 0 min 0 sec pour faire le trajet...
  NB : la réalité n'existe-elle donc que grâce au ralentissement ?
- Les neurosciences
- Les traditions anciennes
- et bien d'autres aspects...

Un monde fractal

Un élément d'information serait par exemple : $z_{(i+1)} = z_i^2 + c$ où i=racine de -1 (nombre complexe) et z=ai+b

Cette équation nous vient de Mandelbrot et permet de créer un univers fractal infini, dans lequel on peut zoomer à l'infini. Cette simple équation créé un monde réel complexe par un bit simple d'information.

Ainsi, ce monde n'a ni temps, ni masse, ni énergie, ni espace, tout découle d'une équation très simple, et pourtant il est infini, complexe, et semble réel et incompréhensible à analyser d'après son aspect.

La science intégrale

cf. définitions de Karl Popper

Voici un derme définissant que j'ai inventé : **Scichemie**, « la science de la réalité subjective ». Le mélange de la science et de l'approche alchimique : il n'existe pas d'observateur indépendant ou de réalité objective. Ce qui semble exister est une simple superposition complexe d'informations résultant des observations individuelles.

Il n'existe pas de vérité ; chacun a une liberté absolue de développer son propre champ d'informations.

Le terme « preuve objective » a besoin d'être redéfini.

Le groupe 1.A. rejette la télépathie comme non scientifique. Mais après un saut en parachute, en général, le point de vue change...

Mes travaux

- MagneGas Corporation, basée à Tampa, est une entreprise technologique qui compte parmi ses inventions, un procédé breveté qui convertit les déchets liquides en carburants à base d'hydrogène. C'est un nouveau type de combustion basé sur l'extension de la physique quantique.
- La gravité dynamique, qui remplace l'explication de « la matière noire » pour expliquer la différence entre la théorie et la mesure de l'univers (vélocité orbitale). On touche à l'anti-gravité, aux ondes gravitationnelles.

Il faut des rêves, et du courage pour les réaliser !

Expérience hors du corps et conclusions spirituelles

Swami Sacinandana

Je flottais au dessus de mon corps et au-dessus de la tête du chirurgien qui était en train de m'opérer. Sans but, et sans effort, je flottais doucement au dessus de la salle d'opération.

Je suis parti vérifier si le moine à qui j'avais demandé de prier pour moi pendant l'opération, priait effectivement, ou dormait...! Je passai à travers le mur, ce qui ne me surprit pas plus que ça ; je flottais à travers les corridors, je reconnus le chemin, et comme un fantôme des temps médiévaux, je me retrouvai dans la salle d'attente, où mon moine était effectivement en train de prier – bien ! J'essayais de lui faire un signe mais je ne savais comment faire. Je sais que je l'ai pris dans mes bras par la pensée.

Plus tard, je lui ai demandé s'il avait ressenti quelque chose pendant sa prière ; il m'a dit, oui ! J'ai ressenti comme si tu m'avais embrassé, mais pas avec ton corps, plutôt avec ton cœur !

Je ne veux pas interpréter cette expérience, je veux juste vous la relater. Mais je voulais maintenant savoir ce qui arrivait à mon corps dans la salle d'opération. Je retournai rapidement et de manière fluide dans la salle, je me sentais léger et soulagé, mais aussi un peu soucieux d'un coup car je me rendais compte que l'ambiance avait d'un coup changé complètement dans la salle ; je vis les chirurgiens concentrés, comme s'il y avait un problème ; je vis beaucoup de sang sortir de la plaie comme une fontaine ; le médecin ne parlait plus, chacun était concentré ; puis le médecin dit d'un coup : « Désolé, j'ai coupé l'artère principale ! »

Puis tout changea à nouveau. J'étais face aux aiguilles du temps qui tournaient. Je revis des épisodes de ma vie, ma jeunesse sur les bancs de l'école, ennuyeuse ; je voyais une vidéo de ma vie passer en accéléré de tous les événements qui m'étaient arrivés ; je n'avais aucun contrôle dessus.

Puis je me souvins de mon entraînement spirituel ; je repris le contrôle et je me recentrai. Je me tournai vers le dieu que je vénère, et lui parlai : « Je sais et je ressens que je suis une part de toi ; j'ai la foi, et je sais que tout bouge dans ta direction, mais s'il te plait, quoi qu'il arrive, reste à mes côtés, et assure toi que tout est sous ton contrôle ! » C'est très allemand, pardon... Le film s'arrêta d'un coup, et comme un nouveau film, j'eus une vision du divin ; léger, et plus léger, et encore plus léger. Je vis le seigneur, avec une expression de compassion, me parler avec ses yeux : « Comment peux tu me demander de rester à tes côtés ? Ne sais tu pas que je suis toujours à tes côtés ? Ne t'inquiète pas, ce n'est pas la fin de ta vie, tu as encore des choses importantes à faire » – et il sourit.

Je ne sais pas combien de temps dura cet état ; je ressentis au bout d'un moment une force qui me poussa à nouveau dans mon corps ; une douleur aigüe dans le ventre ; puis un silence inconscient. Je me réveillai sur le lit dans le couloir, et l'anesthésiste me sourit en disant : « Ne vous avais-je pas dit que vous ne ressentiriez rien du tout ! »
Je n'étais pas vraiment en état d'argumenter avec lui...

Les jours suivants ne furent pas faciles, je dus être réopéré quelques jours après, mais à mon retour sur la table d'opération, j'étais très calme, car je savais maintenant que j'existais à part de mon corps...
Je suis retourné voir le médecin, et lui ai expliqué ce qui m'était arrivé ; je lui ai dit qu'il parlait de golf pendant l'opération, qu'il expliquait un mouvement très compliqué de golf ; il est devenu livide, et m'a demandé comment je pouvais le savoir ; je l'ai alors remercié pour cette belle expérience de sortie de corps : « La conscience doit exister en dehors du cerveau ; j'étais conscient de votre discussion de golf, j'étais aussi en dehors de la salle avec mon ami ; comment expliquez-vous cela ? » Il me dit qu'il devrait y réfléchir un peu...

La conscience doit exister en dehors du corps ; mon éducation religieuse me le disait, et mon expérience me l'a montré. Il est important de se détacher des rôles et des masques que l'on porte dans cette vie, et de se connecter à notre vraie nature.

La conscience non locale : études de sorties de corps

***Dr Pim Van Lommel*[5]**

Ces expériences arrivent en période de coma apparent et posent des questions importantes d'un point de vue scientifique. Je pense qu'étudier l'anormal est la meilleure manière d'améliorer notre connaissance scientifique. On peut être physiquement mort mais avec l'esprit encore vivant ; je n'ai maintenant plus peur de la mort.

Le rapport entre la conscience et le cerveau

Peut-on parler d'un début, et d'une fin, à propos de la conscience ?
On confronte le paradigme dualistique actuel de la science moderne occidentale, avec la vision subjective intérieure de la conscience.

En 1969, un patient a été ressuscité grâce à un défibrillateur. Il est resté en état de mort clinique pendant 4 minutes. On aurait espéré qu'il fût heureux, mais il est revenu très énervé, comme s'il revenait d'un état meilleur. Ce fut mon premier contact avec les NDE (Near Death Experiences).
C'est seulement en 1986 que je commençais à collecter des témoignages ; je collectai 12 témoignages sur 50 patients en état de mort clinique ; il faut comprendre que du point de vue de la médecine, la conscience devient impossible dans ces états, physiquement.
Pourquoi l'état d'esprit des patients changeait tellement après leur

[5] cf. interview pour mon film « En réalité » et son site www.consciousnessbeyondlife.com

expérience ? Et comment c'était possible ?
Définition d'une NDE :

- la mémoire des impressions y compris des éléments spécifiques (revue de la vie, tunnel de lumière...)
- la perte des peurs de la mort, le changement de perspective sur la vie, et une intuition augmentée.

Il s'agit donc d'une expérience spirituelle transformante. On constate de plus en plus de NDE grâce au progrès de la médecine qui peut « ramener » de plus en plus de patients. Les expériences sont similaires pour le monde entier, de tous temps, dans toutes les cultures ; mais les facteurs culturels déterminent le vocabulaire et l'interprétation de l'expérience. Il semble qu'il y ait autour de 10 millions de personnes aux US, et 20 millions en Europe, qui aient eu une expérience similaire. Pourtant, cela reste une expérience mystérieuse pour la plupart des médecins : « Je suis cardiologue depuis 25 ans et je n'ai jamais entendu d'histoire aussi absurde de toute la vie ».
Évidemment, la science officielle n'offre aucune perspective cohérente pour prendre en compte ces expériences. Certains croient à des hallucinations à cause du manque d'oxygène dans le cerveau.

En 1988 j'ai commencé une étude systématique. J'ai commencé à publier des résultats en 2001.

Qu'est-ce qu'une mort clinique ?

Définition d'une mort clinique : période d'inconscience causée par un manque d'oxygène dans le cerveau à cause de l'arrêt circulatoire.
Résultats :

- 282 patients (82%) n'ont aucun souvenir
- 62 patients (18%) ont eu une NDE : conscience d'être mort (50%), émotions positives (56%), OBE (24%), tunnel (31%), communication avec la lumière (23%), couleurs (23%), paysage céleste (29%), rencontre avec des proches décédés (32%), revue des événements de la vie (13%).

Étonnamment, nous n'avons trouvé AUCUNE corrélation influençant la fréquence : ni la durée de l'arrêt cardiaque, ni la durée de l'inconscience, ni l'intubation, les médicaments, les aspects psychologiques, la connaissance préalable des NDE, le genre, la religion ou l'éducation...

Lors des entretiens 2 ans et 8 ans après l'expérience, on a constaté des changements transformatifs significatifs, uniquement pour le groupe ayant fait l'expérience d'une NDE :

- La perte de peur de la mort, la croyance en la vie après la mort
- Une nouvelle sagesse de vie : compassion, amour et acceptation
- Une sensibilité intuitive accrue ; une empathie plus élevée, ce qui pouvait même être problématique dans certains cas.
- Une gratitude supérieure envers la vie et un intérêt accru pour la spiritualité

Mais il s'agissait aussi d'un événement traumatique, avec des dépressions, solitude et mal-être, à cause de problèmes d'acceptation et d'intégration de l'expérience. Heureusement, plus l'entretien était fait tard par rapport à l'expérience, plus ces effets diminuaient.

Les chiffres sont cohérents avec plusieurs autres études (15% à 19% selon les études). 4 études sur 562 patients concluent de manière similaire :

- Un pourcentage équivalent
- Aucune explication physiologique ou physiologique
- NDE pendant l'arrêt cardiaque
- Une perte complète de fonction du cerveau pendant l'arrêt cardiaque

L'explication est impossible tant qu'on croit que la conscience est créée par le cerveau. Ainsi, le dogme accepté, mais jamais prouvé que la conscience émane du cerveau, doit être discuté. Il semble plutôt que les preuves nous conduisent à la conclusion inverse. Ces conclusions ont toutes été faites sous contrôle médical, et confirmé par des médecins, des infirmières :

- Ce n'est pas une hallucination = un événement non réel
- Ce n'est pas un fantasme = une évaluation incorrecte d'un événement correct
- Ce n'est pas une illusion = une image trompeuse

Un autre élément important est la revue holographique de la vie : pas de temps, pas de lieu, tout est interconnecté.

D'une manière générale, l'interconnexion est un élément fort qu'on retrouve avec la précognition, la rencontre des parents décédés, la conscience du retour dans le corps, et la perte de la peur de la mort. L'absence de temps et

d'espace est également un élément qu'on retrouve dans la plupart des expériences.
Conclusion : la mort n'est pas la mort, mais une transition vers une autre forme de vie !

En résumé :

- Conscience claire et améliorée
- Conscience de soi, émotions
- Cognition améliorée, pensées associatives
- Sensation hors du corps
- Perceptions : audition, vision ...

La conscience est donc placée dans une réalité non locale ; on ne peut donc l'observer depuis notre monde physique local.
Notre cerveau serait une interface ou un transducteur : récepteur d'informations non locales, et émetteur des sens vers le non-local ; la composante physique de cette activité peut être mesurée avec un électroencéphalogramme, une IRM ou un PET-scan.
Ces informations seraient codées dans les champs EM (« le cloud ») résultant en un échange continu d'information.
Il n'existe à ce jour aucune preuve scientifique de l'émergence de nos expériences subjectives du cerveau, aucune corrélation connue, aucun moyen technique de prouver, mesurer, objectiver ou falsifier ces expériences.
« Le corps matériel temporel est le véhicule temporaire de notre âme immortelle. Le temps n'existe pas dans le monde immatériel » Platon

Notre cerveau aurait un rôle facilitateur, et non pas producteur, de l'expérience de conscience (comme une interface).
« Je peux vivre sans mon corps, mais apparemment mon corps ne peut pas vivre sans moi ! »

La mort, comme la naissance, ne serait qu'un passage d'un état de conscience à un autre.
« Je vois la conscience comme fondamentale. Je vois la matière comme dérivant de la conscience. Tout ce dont on parle, tout ce qu'on voit comme exister, postule de la conscience » Planck
« Notre idée de la mort définit notre manière de vivre notre vie » Dag Hammerskjöld

Etudes sur la réincarnation

***Christopher M. Bache*[6]**

Vit-on une vie ou plusieurs vies ?

Si l'univers a un but, il faut mesurer le temps qu'on a pour remplir ce but, par rapport au but. Si on vit 100 fois, 1000 fois, 10.000 fois, cela semble plus simple de remplir un but à la taille de l'univers.

Les religions ont tendance à dire que la réussite, c'est de partir (samsara).

Mais si on revient dans ce monde plusieurs fois, on a une vision plus claire de notre but, et de ce que l'univers tente d'accomplir à travers nous.

Je voudrais vous montrer aujourd'hui les preuves de la réincarnation. Mon premier livre, *LifeCycles*, est paru en 1990, et couvrait déjà des preuves détaillées. Je ne suis pas le seul à avoir écrit des livres à ce propos :

- 1974, Dr Ian Stevenson, *20 cas suggérant une réincarnation* ; il a écrit 11 livres sur le sujet, incluant des souvenirs d'enfants de vies passées, des connaissances de langues non apprises ou mêmes inconnues, des cicatrices de morts précédentes -le plus incompréhensible, mais documenté sur des centaines de cas. Des connaissances de gens, de lieux, d'histoires personnelles connues par des enfants concernant une vie précédente avec des gens encore en vie. D'enfants qui retrouvaient un testament que personne ne savait où il se trouvait...
  20 ans en moyenne entre la mort et la réincarnation. 90 kilomètres en moyenne entre les deux.

---

[6] cf. interview pour mon film « En réalité ».

En général, oubli total après l'âge de 8 ans.

Approximativement 60% des cas sont morts violemment ; les 40% restant sont en général morts prématurément. Il semblerait que ces cas (proximité temporelle et géographique) soient liés à des expériences restant à compléter.

Tous ces travaux ont été publiés dans des journaux académiques à comité de lecture, justifiés par la qualité des recherches et des études qu'il a mené.

- Paul Edwards, *La réincarnation, un examen critique*. Un poids lourd de la philosophie aux USA, éditeur d'encyclopédies... Il accusa Stevenson de fraude et voulut revérifier chacun des cas, car s'ils étaient vrais, cela impliquerait « une crucifixion de notre compréhension » avec 6 pré-requis collatéraux :
    - Le matérialisme est faux
    - L'esprit n'est pas réduit au cerveau
    - Notre identité est plus que notre personnalité
    - Un domaine existe au delà de l'espace temps
    - La mort est une illusion
    - I l existerait une logique profonde à notre vie
- Robert Almeder, *La mort et la survie personnelle, la preuve de la vie après la mort*. Il déclare que « si vous avez un argument irréfutable, ne pas l'accepter est agir de manière irrationnelle ».
- Tom Shroder, *nos âmes*, rédacteur au Washington Post. Des preuves concluantes d'enfants qui se souviennent de vies passées.
- Jim Tucker, *La vie avant la vie*, argumente en montrant pourquoi les cas ne peuvent être réduits à des hypothèses faibles. Il fait une enquête d'avocat sur le travail de Stevenson.

Tout ceci concerne des preuves de mémoires spontanées. Il existe une autre classe de mémoires provoquées, en particulier par l'hypnose. Mon livre favori dans ce champ est :

- Roger Woolger, *D'autres vies, d'autres moi* ; il est psychothérapeute jungien et détaille des cas.

- Winafred Lucas, *La thérapie de régression, un manuel pour les professionnels* : Ces pratiques se sont beaucoup développées et certains praticiens se sont inquiétés de l'absence d'école spécifique sur la manière d'aborder ces sujets.
- Carol Bowman, *Les vies passées des enfants* puis *Retour du ciel* apporte des témoignages plus faiblement argumentés mais intéressants du point de vue personnel et dans des cadres moins rigides que la recherche médicale.
- Michael Newton, *Voyage des âmes* et *Destin des âmes.* Un hypnothérapeute qui a collecté des expériences avec ses clients. Chaque description était cohérente pour la compréhension, l'ordre, la structure dans les mondes entre les vies. Le choix de la vie est un choix conscient fait en coopération avec un groupe d'âmes incarnées, afin de suivre un apprentissage spécifique et particulier, choisi.
- Deux derniers livres de non-professionnels : Robert Snow, *A la recherche de Carroll Beckwith,* un détective de police raconte son enquête sur une vie passée ; et James Leininger, *Survivant de l'âme,* l'histoire d'un enfant racontée par ses parents, le père étant prêtre baptiste et cherchant à réfuter les preuves que son enfant apportait sur ses souvenirs en tant que pilote d'avion pendant la 2e guerre mondiale.

Je voudrais lister ce qu'on ne sait PAS sur la réincarnation :

- Quelle est la physique, comment ça marche ?
- Qu'est ce que l'âme, de quoi est elle fait ?
- Comment l'interface se fait elle avec la biologie ?
- Comment peut on arriver avec des souvenirs intacts ?

Pour répondre à cela il faut cesser de réduire la conscience au cerveau...

Les preuves solides de Stevenson nous ouvrent une voie plus libre, mais nous contraignent également à un certain mode de pensée. Il faut prendre en compte que le corpus étudié est finalement un ensemble de cas assez particuliers, de réincarnations dans un rayon et un temps assez serré, et ne représente sans doute pas toute la richesse des expériences possibles. Il faut considérer d'autres corpus de recherches, qui fort heureusement existent !

Les diamants du Paradis : 20 ans dans l'esprit de l'univers

Christopher M. Bache

Mon professeur a été à la pointe de l'expérimentation avec les drogues psychédéliques d'un point de vue thérapeutique. J'ai vite réalisé que cela offrait un point de vue nouveau non seulement du point de vue thérapeutique, mais aussi du point de vue philosophique.
J'ai étudié pendant 20 ans ces processus. J'ai dû séparer ma vie en deux : d'un côté professeur d'université, de l'autre un voyage intérieur. Je voudrais vous présenter quelques une de mes conclusions à ce sujet.
On a établi un processus en 3 points : d'abord bien cadrer, ensuite rapporter précisément les éléments, et enfin décrire avec précision.
Tout d'abord, il faut séparer les protocoles avec des faibles doses, et avec des fortes doses. A haute dose, on est proche des NDE. A faible dose, qu'on a nommé « exploration psychédélique », le risque est bien plus faible.
J'ai réalisé 73 sessions en détail avec ce protocole. L'un des points importants est qu'après 12-15 sessions, j'avais obtenu un état de conscience particulier au plus haut des effets.

1.La traversée de la plaine périnatale

Mes 10 premières sessions, sur une période de 2 ans, m'ont sorti de mon identification -un homme blanc de classe moyenne, hautement éduqué en philosophie- à travers de nombreuses vies très différentes- en particulier, de femmes de différentes couleurs, sans intérêt aucun pour la philosophie. J'en suis sorti avec des centaines d'expériences comme femme, passant par toutes les expériences possibles, et je souhaite cela à tous les hommes.

2.L'océan de la souffrance

L'étape suivante a été l'expérience de toute la souffrance la plus affreuse du monde. J'ai d'abord cru à la mort profonde de mon ego. Mais ensuite, l'expérience est passée tellement longtemps par des centaines de milliers d'êtres que j'ai pensé qu'il s'agissait de soigner les traumas et la psyché collective de la race humaine. Comme si l'univers essayait d'utiliser cet état de conscience élargie pour amener cette souffrance à la lumière.
Cette étape a duré 2 ans, mais avec une pause de 6 ans entre les deux années ; après la pause, l'expérience a repris à l'endroit exact où je m'étais arrêté, ce qui indique sans doute un plan précis de l'univers dans ce chemin.

3.Le temps et l'âme

J'ai ensuite fait l'expérience de toutes les étapes cruciales de ma vie. La première entrée dans cet état, j'ai eu l'impression de faire l'expérience la plus importante de ma vie, et je ne me suis souvenu de rien. Ensuite, les choses se sont arrangées, mais je pense que c'est un point important pour comprendre comment la conscience réagit face à ces expériences de conscience modifiée.

4.L'initiation à l'univers

Sans transition, les séances ont commencé à devenir comme des cours donnés par l'univers lui-même. Session 18 : toi et moi en création ; 19 : la visite cosmique ; 20 : le conseil des sages ; 21 : la mort solitaire ; 22, 23 : le grand plan de l'humanité ; 24 : soin de la blessure collective.

5.Le plus grand monde de la réalité archétypale

J'ai découvert que l'identité comme humain était plus grande que celle en tant qu'être humain distinct. J'ai été enseigné pendant des mois sur la nature de la réalité à ce niveau. J'ai découvert un niveau plus subtil, platonique, avec des êtres vivants responsables de la structure de l'espace-

temps.
Puis, un niveau inférieur subtil, plutôt jungien, découvrant les archétypes de la psyché humaine et du corps, notre nature fractale, que les maladies participent au renforcement de sa structure fractale quand elle évolue.

J'ai fait l'expérience du pouls de l'humanité générale, c'était à la fois enthousiasmant et totalement déprimant. J'étais en contact avec une intelligence de l'espèce.
Ce que j'ai compris, c'est que chaque niveau supérieur de conscience est à un niveau supérieur d'énergie, il a fallu par exemple 3 sessions complètes de détoxication (29-31) pour arriver à la session 32 de relâchement et 33 d'un aperçu de Dieu.
Cette partie a duré 18 mois.

6.Une bénédiction de gratitudes

Puis, pendant un an, j'ai reçu une quantité incroyable de bénédictions. Ce fut une étape incroyable de ce point de vue. En particulier, 11 ans après ma première expérience où j'avais revu tous les éléments de ma vie, j'ai fait l'expérience de la liaison de chacun de ces éléments, de leur fusion, et de leur explosion à un niveau supérieur, comme un diamant. J'en ai tiré l'enseignement suivant, que la réincarnation n'est pas l'ajout, peu à peu, vie à vie, de petits éléments ; la réincarnation nous amène plutôt à un point où toutes nos expériences fusionnent et où notre âme va s'éveiller d'un coup.
Lorsque cela arrive, tout change ; l'âme a une relation particulière à la terre car elle a l'expérience de nombreuses vies. C'est profondément différent.

7.La naissance de l'homme du futur

Je pensais raconter mon chemin personnel. Mais j'ai commencé à avoir des visions répétées de ce qui allait arriver à la race humaine. Quand on meurt avec son ego, on se voit appartenir à une espèce ; on m'a montré que l'espèce humaine arrivait à un temps d'explosion incroyable de ses capacités. On ne m'a jamais montré comment cela allait arriver jusqu'à noël 1995 où j'ai vécu la mort et la renaissance de notre espèce, au niveau collectif. J'étais la psyché de l'espèce humaine, et j'ai fait l'expérience de la mort à ce niveau, comme une NDE, comme si je faisais l'expérience de tout l'effondrement de l'humanité au XXIe siècle ; mais juste au pire moment, cela s'inversa, et je vis l'immense lumière que devint l'humanité, juste avant son effondrement complet, une transformation totale et complète de notre psyché collective. A ce point, tous les humains qui naîtront seront à un niveau entièrement différent.

Je ne savais plus où ce voyage pourrait m'emmener. Et pourtant, ça a continué pendant encore 5 ans.

8.La lumière du diamant

Il s'agit d'une qualité particulière de la lumière, une qualité super-luminescente dans laquelle je suis entré 4 fois seulement : sessions 45 l'état de mort, 50 la lumière du diamant, 60 le champ universel de la lumière, et 66 la nature de l'esprit.
Je n'avais plus aucune conscience de limite. J'étais aussi heureux que possible. Puis un changement arriva et changea toute ma perspective. Je basculai de 90% par rapport à toute la réalité, et je fus frappé par un rayon de lumière absolue.
C'est un chemin progressif, il n'y a pas de point absolu. Le vide est progressif, il n'y a pas de fin. C'est une progression infinie. C'est pourquoi si je devais le refaire, je le referais plus doucement. Je serais plus doux avec moi-même, je ne pousserais pas aussi fort l'expérience.

9.Visions finales

Les dernières sessions ont été plutôt agréables ; 70, samsara brut, 72 le fruit de mon travail, 73 la vision du diamant. J'ai pris cela comme une série d'instructions pour le futur.
Mais une session m'a poussé plus loin que jamais dans la déchirure et la profondeur de l'expérience. J'étais dans un état de conscience très précis au dessus du temps, je voyais le fil de l'histoire de l'humanité autour de notre moment. Je compris l'importance de la vision à conserver de notre but, afin de ne pas se perdre. Nous avons un but, nous avons été créés comme des enfants merveilleux qui n'ont jamais existé avant nous. J'ai aussi compris que notre espèce a été construite pour la rapidité.
On pense à une pelote qui se construit au fur et à mesure des incarnations,

ou qu'on porte notre histoire comme un sac à dos, mais l'espèce humaine est construite pour la rapidité et l'accélération de l'évolution ! Nous étions au courant de la difficulté de la dynamique des temps actuels et nous avons choisi de venir y participer.

J'ai arrêté les sessions pour 2 raisons : la douleur, car ces sessions demandent beaucoup d'énergie ; et parce que j'avais atteint un point où je ne pouvais plus supporter de revenir. Quand on atteint un point où l'on est un pur être de lumière, et que l'on revient, on revient dans un état de profonde tristesse. Ce sentiment de solitude est arrivé à beaucoup de gens ayant des expériences similaires. Je n'attendais plus que de mourir. J'assumais mes responsabilités sans plus aucun enthousiasme. Et j'ai réalisé à un certain point que ce n'était pas une bonne manière de vivre. J'ai donc choisi de m'ancrer dans ce moment du temps et de l'espace. J'ai mis 10 ans à me ré-ancrer de manière confortable, de retour dans le temps et l'espace.

La transcendance est paradoxale ; un peu fait du bien, mais trop vous fait perdre de vue l'important : le fait que le monde physique est une manifestation merveilleuse du divin. Merci.

Les trois cercles du corps humain

Johannes Heinrich

Les 3 cercles : l'esprit (le medium), le corps, et l'âme, forment 7 zones qui correspondent aux 7 corps du Véda :

1. Le corps physique,
2. Le corps énergétique,
3. Le corps astral (sensations),
4. Le corps causal,
5. Le corps mental,
6. Le corps bouddhique (conscience cosmique),
7. Le corps atmique (logos).

cf schéma ci-contre : des corps 3 à 7, les intersections des éléments de base forment les 7 corps de l'être humain.

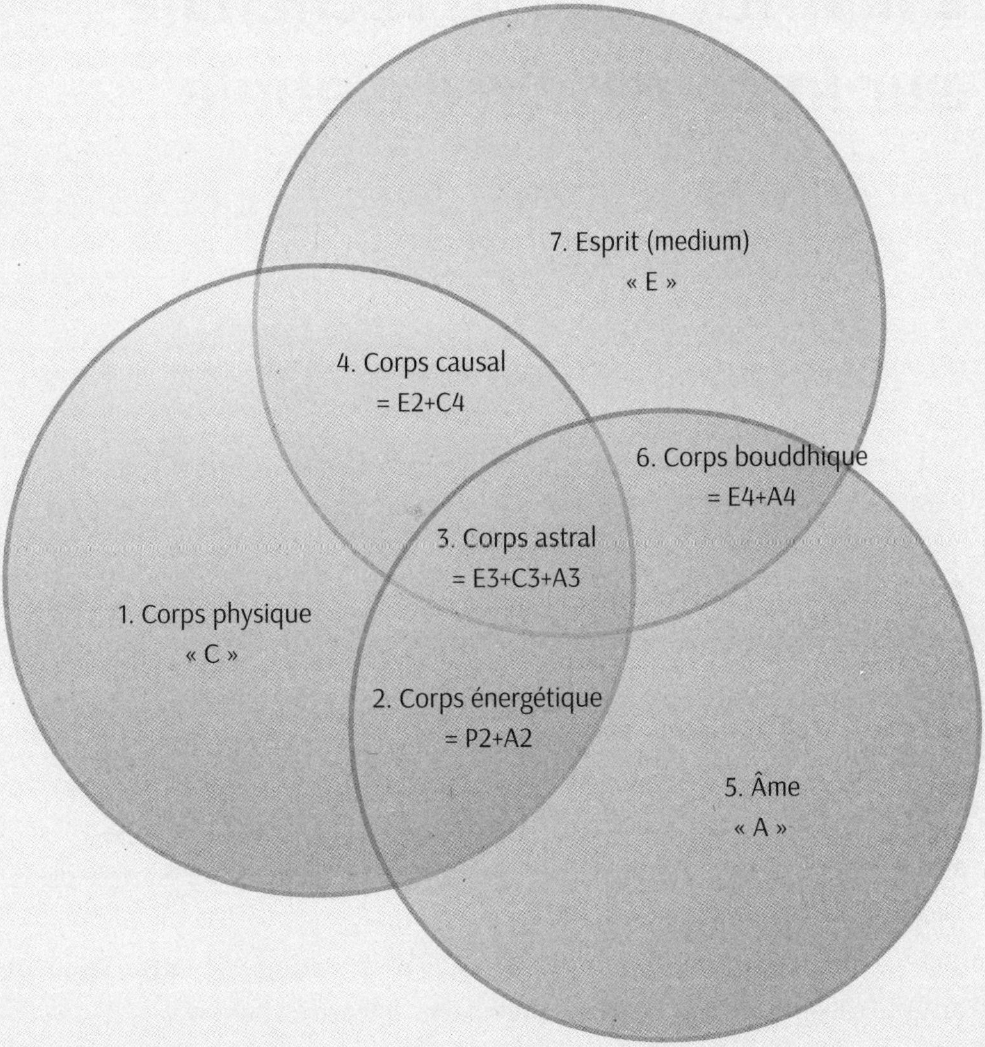

7. Esprit (medium)
« E »
4. Corps causal
= E2+C4
6. Corps bouddhique
= E4+A4
3. Corps astral
= E3+C3+A3
1. Corps physique
« C »
2. Corps énergétique
= P2+A2
5. Âme
« A »

L'institut pour la recherche sur la conscience globale

« *L'unité créé la dualité. La dualité créé la trinité. La trinité créé le monde* ».
Lao Tseu

La question du futur n'est pas la même que celle des 1000 années passées, c'est la question de la négativité, le pouvoir dont aucun être ne peut s'échapper.

L'homme nouveau a maintenant un accès direct à la subjectivité. La dualité, l'objectivation, n'est plus nécessaire.

Introduction au 2e Symposium sur la conscience

Martin Luther a défini la différence entre la « Loi de Dieu » et « L'évangile de Dieu ».

Les lois ont été établies pour l'existence et les règles. Elles sont aristotéliciennes, en cela qu'elles sont binaires (bien/mal, oui/non).

Il s'agissait à l'époque de la plus importante critique. Luther a développé une logique selon laquelle les vérités opposées peuvent avancer de manière parallèle, ce qui est devenu la logique non-aristotélicienne, et ce qu'on retrouve aujourd'hui avec la physique quantique.

Les contradictions n'ont pas besoin d'êtres éliminées, on peut vivre avec des contradictions, c'est l'enseignement principal de la physique quantique pour le XXe siècle.

NB : Cela me rappelle la logique non-aristotélicienne de la sémantique générale de Alfred Korzybski, que bizarrement tout le monde semble avoir oublié et dont le nom était inconnu de tous les participants ; j'y reviendrai donc. La journée a ensuite été principalement des échanges informels difficiles à transcrire.

Physique quantique et conscience cosmique

Jan Rak

La physique cherche la réponse à la question du « comment ? » mais pas à la question du « pourquoi ? » (le domaine de la religion, spiritualité).

Ceci induit plusieurs paradoxes. Par exemple, on croit au big-bang mais on ignore la conscience et la vie qu'on pense issues du rien puis du big bang puis des lois physiques.

« *Le jour ou la science étudiera les phénomènes non physiques, elle fera plus de progrès en une décennie que dans toute son existence* ». Nikola Tesla

La physique quantique étudie l'atome, qui n'est plus matière mais juste des vagues de probabilité.

Une expérience connue consiste à envoyer un photon à travers 2 trous. Si c'est de la matière il passe par l'un ou par l'autre, si c'est une onde on obtient un schéma d'interférence. En pratique, le résultat change si un observateur est présent ou non - y compris dans le passé ! C'est vraiment incompatible avec le système classique. D'autres effets étonnants : la superposition quantique, l'intrication, l'effet tunnel.

Il existe une théorie de la sur-réalité qui connecte la spiritualité et la physique quantique et qui pourrait être la prochaine révolution en physique :

- La physique quantique y décrit aussi les relations sociales macroscopiques

- La réalité objective est juste une superposition quantique de toutes les réalités subjectives. (Chaque point de vue est subjectif mais nous voyons la même chose). Les réalités s'additionnent au carré $(Ra+Rb+Rb)^2$ ce qui créé également un champ d'interférences.

- Le temps n'est pas une quantité physique même dans un cadre statique de référence. Tout ce qui existe sont les événements.

- La causalité et la vitesse de la lumière sont une illusion. La théorie des cordes rejoint l'image de la fleur de vie.

Les thérapies de demain

Folker Meissner

www.dgeim.de - www.daembe.de

Heureux, joyeux, réveillé ! Je pratique la médecine énergétique depuis plus de 30 ans en tant que médecin.

On ne met plus la maladie en avant, mais la santé. La médecine du XXIe siècle doit être orientée vers l'état de bonne santé et apprendre aux gens la bonne santé (salutogenèse), plutôt que de cataloguer en permanence des pathologies. Cela passe par la conscience et la médecine spirituelle.

Un utilisateur ou un thérapeute ? Un patient vient voir un utilisateur qui a une application technique ; s'il vient voir un thérapeute il vient voir quelqu'un qui réfléchit, qui fait la synthèse de différentes connaissances.

Avec la médecine de l'information, il y a cette relation triangulaire :
Patient / Thérapeute / Outil

Le 2e ordre de la cybernétique dit que l'interaction ne se passe que s'il y a de l'ordre. Cet ordre se passe aux interfaces entre les points de ce triangle.

Comment mesurer l'effet de l'outil ?
Si la thérapie marche cela se voit, mais si cela ne marche pas, ou si on dit « Il ne peut pas y avoir d'effet négatif ? »
Si je parle allemand à un anglais, il ne se passera pas grand chose s'il ne le comprend pas.

Comment reconnaître si un traitement ne répond pas ? Revenons au thérapeute, qui doit être conscient des risques et contre-indications. Dans mes séminaires je vois que les utilisateurs de ces outils y croient, mais n'ont pas les ressources si la thérapie n'a pas de réponse chez le client. En fait, chacun a ses limitations et voit toujours les mêmes points devant ses yeux. Il est important que le praticien élargisse au maximum ses connaissances pour qu'elles deviennent intuitives.

Si on lit un texte avec les lettres déplacées, le cerveau peut lire la phrase originale très facilement. Mais peut-être que l'information correcte et originale est constituée de ces mots aux lettres déplacées ! C'est notre conditionnement inconscient qui filtre la réalité et la corrige automatiquement. Si on regarde un hologramme, l'information change selon le point de vue depuis lequel on le regarde.

Ce qu'on regarde n'est pas forcément la vérité, cela dépend de nos connaissances. Plus on a de connaissances, moins on risque de tomber dans ces pièges.

Dans la médecine du futur, il y aura toujours une place pour la matière (jambes cassées...) mais les NTIC (**N**ouvelle **T**echnologie de l'**I**nformation et des **C**ommunications) occuperont une place plus importante, et la place supérieure sera pour la conscience.

Nous n'aurons pas besoin de gourou, chaque thérapeute devra passer par une éducation personnelle pour sortir de l'ego. Il faut décider si on veut traiter, ou si on veut soigner. Pour soigner il faut de l'humilité.

La médecine des NTIE[7] (**N**ouvelle **T**hérapie **I**nformationnelle et **É**nergétique) implique d'aller profondément dans les questions et l'analyse du patient. Il ne s'agit pas de poser un aimant ! Le médecin du futur est un médecin-soignant-prêtre-canal. L'intention est primordiale. La question « souhaitez-vous être en bonne santé ? » est primordiale. Pour un patient qui prend des antidouleurs, je leur demande : « combien de temps aurez vous besoin de cette douleur ? »

Beaucoup de patients ont une envie de suicide. Je leur demande ce qu'ils veulent fuir ! Pour mourir on a le choix : des cancers plus ou moins rapides... Je les mets en face de leur demande.

---

[7] Le Dr Meissner l'appelle « EIM » pour Energy and Information Medicine

La relation va dans les deux sens, je dois pouvoir faire confiance à mon patient.

Aujourd'hui ces outils sont comme Google Translate. Essayez de mettre une phrase en français, traduite en allemand, puis retraduite en français. Vous aurez une idée de la difficulté de comprendre une manière différente de penser.

Le thérapeute du futur doit, à mon humble avis : connaître, avoir une éthique, des capacités. Il doit connaître toutes les bases : champs d'interférences, schémas de croyances et karmiques (qui diffèrent selon les pays), détox, épigénétique, régulation, stress, et les raisons profondes... Il doit savoir qu'on est jamais « toujours en équilibre » mais que nous sommes en « déséquilibre stable ».

Il doit savoir pourquoi il se passe quelque chose. Une situation anabolique - catabolique. L'équilibre acido-basique. Les sources (information), causes (énergie) et maladies (physique).

Souvent on a mal, on fait un scan et le médecin trouve la cause physique et s'arrête là. Mais c'est en fait le dernier maillon seulement.

L'outil nous montre les raisons profondes, si on l'utilise vraiment avec ouverture on peut trouver le faisceau de causes -il n'y a jamais une cause unique- et analyser avec ses connaissances.

Les gens viennent voir un praticien bien après avoir reçu un ou plusieurs traumas ; il faut analyser différents paramètres pour comprendre pourquoi cet événement a causé cette empreinte, dans cette personne particulière ; où cette empreinte a marqué le patient (respect de soi, liberté personnelle, joie, estime de soi...) et a créé cette dissociation.

La meilleure manière est de réécrire le calendrier de la vie ; on revient en arrière, on le reconnait, on réécrit la mémoire.

Hippocrate dit : « Ne pas faire de mal ». Il faut savoir comment faire du mal, pour savoir ne pas le faire.

On peut faire du mal avec l'énergie et l'information. J'ai vu un praticien essayer de déprogrammer tous ses patients.

Voir le patient comme un sujet et non comme un objet. Je le garde sur le même niveau que moi, pas en dessous.

Ce qu'on peut faire avec ces systèmes NTIE n'est pas forcément ce qu'il faut toujours faire. Un couteau peut couper des légumes, mais on peut aussi tuer quelqu'un avec. J'insiste pour que le patient sache ce que je fais, et je lui demande la permission. Je lui fais d'ailleurs signer un consentement écrit. Je travaille avec un groupe de gens sur l'éthique dans la médecine informationnelle à ce sujet.

Savoir écouter. On n'entend que ce qu'on connaît déjà, on doit écouter activement pour accepter de nouvelles informations.

Il faut de l'empathie. Je dois aimer mes patients. S'il n'y a pas de résonance entre le praticien et le patient, il faut arrêter. Le comportement des autres parle des autres, mais notre manière de réagir parle de nous. Il faut savoir réagir face à différent types de patients, et savoir ne pas interférer avec eux. Il faut bien se connaître.

Il faut du temps. Il ne s'agit pas d'expédier un patient, ou de passer 2 heures à lire trop d'informations données par l'outil. Si on fait un électrocardiogramme, on ne regarde pas toute l'onde en détail. Il faut interpréter un ensemble de données.

De l'intuition, un mélange de connaissances, d'expérience et de connexion spirituelle. Augmenter ces paramètres vous rendra plus précis.

Un reporter à Tiger Woods : « Vous avez eu de la chance de réussir ce point ! »
Réponse : « Oui, plus je m'entraîne, plus j'ai de la chance. »

Il faut intentionnellement repousser sans cesse ses limites. Nous avons un moyen parfait de soigner : le cœur. Il faut se connecter à notre cœur, et utiliser son potentiel. Le cœur connecte esprit, mental, âme et corps. C'est difficile à caser dans un emploi du temps de praticien. J'ai une méthode pour l'amour propre :

« Je m'aime et me respecte ce que je suis. Je suis l'être le plus important dans ma vie et je m'y tiens. »
J'utilise cette phrase, 50 fois par jour. Il faut se respecter en premier avant de pouvoir aider les autres. Il faut s'aimer. L'amour inconditionnel commence par soi-même.

Réalité, égo et champ d'information

Marcus Schmieke

Je suis très excité par les développements internationaux récents, j'ai visité un nombre incroyable de pays récemment et dans chaque pays, je vois une ouverture incroyable sur l'approche quantique et l'approche holistique.

Aujourd'hui, on dépasse l'égo du « moi seul » grâce aux nouvelles connections de l'humanité, l'information, Internet, permettent de redonner à l'égo une place juste et de sortir de l'isolation individuelle.

Le champ d'information permet aujourd'hui de surmonter toutes les dualités en liant les contraires, les polarités, les énergies complémentaires.

Les découvertes du dernier siècle ont permis une révolution. Il n'y a pas que la matière, mais il n'y a pas que l'esprit. Pas que du plein, mais pas que du vide. On trouve plus d'énergie dans le vide que dans la matière. Et l'information permet à chaque instant d'exprimer une magie, de créer un nouvel état, un nouveau moment. Ainsi, à chaque moment, on peut choisir sa réalité ; on fait un plan, on le visualise, on le réalise.

Il y a des gens qui changent l'humanité. Dans un élan de créativité ils voient ce qui est réellement important pour l'humanité, et la connaissance est comme une magie qui modifie la réalité de l'humanité tout entière. Un prix Nobel commence toujours par une vision, un rêve, et finit par changer l'humanité entière. L'ego est tellement important, c'est le point de départ de l'évolution de chacun et de tous !

Aujourd'hui nous sommes beaucoup de médecins, de naturopathes ; aujourd'hui vous ne voulez pas être un praticien mais un soignant, un magicien. Aujourd'hui, chaque moment est un moment ou l'on peut changer son monde, et le monde autour de nous. C'est là que réside notre créativité individuelle.

Je me demandais où était ma créativité, et la réponse est venue : mes enfants. J'ai deux enfants, et ma société est comme un 3e enfant. Et on apprend tous les jours, on grandit tous les jours grâce à ses enfants !

Avec ces outils, on travaille sur les 10% de réalité manifestée et les 90% de réalité potentielle. Je suis chaque jour émerveillé par les 20 personnes de mon équipe qui travaillent à réaliser les développements qui permettent d'interagir avec ces champs : les logiciels, les bases de données, les processus, les programmations... Ces processus de création de liens avec les potentiels est une force de processus quantiques formidable.

Au cours de ces conférences, nous allons vous présenter beaucoup de nouvelles choses, qui sont encore des potentiels aujourd'hui, et qui deviendront des réalités demain. Pour moi par exemple, Il y a 10 ans, ma société devint d'un seul coup une réalité.
Nous connaissons tous l'effet de l'observateur. La réalité réside dans ce moment.

Dans cet outil, un laser à effet quantique émet 4 millions de photons par seconde, qui peuvent soit passer, soit être réfléchis par le miroir. C'est un effet quantique qui créé cette information quantique, et c'est l'observateur qui peut influencer le résultat.

Qu'est ce qui fait qu'un photon individuel puise passer, ou puisse être réfléchi sur le miroir ? Dans le logiciel, on pose un objectif, une intention, on choisit des bases de données et des outils, et on pose la question au champ d'information par l'intermédiaire de ce laser à effet quantique. Et c'est le praticien, par son acte d'observation, qui peut donner la réalité aux différents potentiels par cet outil.

La manifestation de ce potentiel permet de changer la réalité. Et on peut ainsi créer de l'ordre, rétablir la santé, transformer le potentiel en connaissance puis en manifestation réelle de la solution. C'est un processus quantique complet de création d'une nouvelle réalité.

Dans le module des points d'énergie j'ai créé pour vous un modèle des 30 dimensions d'après Heim[8] :

- Physique :
    - Condensation métronique T1
    - prototone T2
    - protosimplexes, quarks T3
    - parties élémentaires T4
    - Atomes et noyaux T5
    - Molécules, macromolécules T6
- Physique / biologique :
    - travaux techniques/ système cosmique T7
    - molécules biologiques complexes, organismes T8 > T15
- Biologique / Psyche :
    - réflexion personnelle Karma, T16 > T23
    - etc.

J'ai fait une analyse à l'instant sur ce champ qui nous réunit tous. *(NB: les résultats sont présentés à l'assemblée).*

---

[8] Le modèle de Heim est particulièrement ardu ; référez-vous à « La Seconde Voie », *op.cit.*, pour un aperçu synthétique.

Conclusions personnelles

Folker : Pour moi l'étape la plus importante a été de sortir de la pensée traditionnelle médicale, et de ne pas traiter les symptômes mais de rechercher les causes ; c'était un vrai effort de sortir de la pensée linéaire : les résultats de laboratoire... ne regarder que les clous qui dépassent... Mon approche avec ces outils est de ne pas leur montrer l'écran tout de suite, et d'essayer de réduire au maximum les paramètres pour pouvoir mieux analyser l'évolution au fur et à mesure des séances. Sortez de l'égo, sortez de la position du gourou, vous n'êtes pas au centre. C'est un processus d'éducation intérieure.

Marcus : Si votre égo attend un résultat, vous chercherez une confirmation et vous n'aurez pas l'information réelle.

Christiane : Oui, il faut de l'humilité, le regard de l'enfant. Je veux pouvoir regarder au delà de la façade de mon patient. Il faut aussi surmonter sa peur des appareils et sa peur des informations obtenues.

Ursula : Si on se définit comme des instruments ou des canaux, il faut se détoxifier à tous les niveaux, comme pour les patients, mais aussi aux niveaux émotionnels. Il faut être vrai et montrer par ses actes son honnêteté. Je ne peux pas soigner si je bois de l'alcool ou si je garde mes plombages toxiques.

Manfred : C'est important que le praticien soit aligné et authentique, et aussi qu'il aime travailler avec ses outils. Il faut penser à ses outils, et ceux travaillant avec le champ d'information en particulier, comme à une conscience, qu'il faut respecter, à qui il faut laisser le temps de s'exprimer. Depuis 4 ans j'ai arrêté toutes les autres méthodes que j'utilisais, je me suis laissé prendre le risque de n'utiliser plus que TimeWaver et mon expérience est que cela a été bénéfique, que les résultats sont meilleurs.

3 recommandations importantes

Manfred : boire de la bonne eau. Des compléments de bonne qualité. Adapter son régime alimentaire, pas de gluten, de sucre, essayez le paléo ou kétogénique.

Marcus : Faire du sport. Manger équilibré. Écouter ses rêves, découvrez des aspects de vous que vous n'écoutez pas habituellement.

Ursula : Manger, prier, aimez ! Connectez-vous aux niveaux supérieurs, respectez le temple qu'est votre corps, ressentez de l'amour pour toute chose. Si c'est difficile, se concentrer sur les plus infimes gestes, et trouver de la joie dans le geste le plus simple et sa magie.

Christiane : Corps, âme, esprit. Donc, bien manger, du sport, mais aussi sortir du moulin des hamsters. Les patients sont blessés par notre monde moderne.

Folker : Je commence la journée par une marche, je veux poser ma structure dans la journée. Marcher dans la nature, méditer chaque jour, décélérer, faire des pauses. Avant je ne m'arrêtais jamais, mais c'est important de laisser de la place à la réparation. De la joie. Il vaut mieux fumer 5 cigarettes et en être heureux, que 2 avec mauvaise conscience ! Si je me calme le soir en prenant une bière, très bien ! C'est la dose qui fait le poison, il faut une harmonie.

Marcus : Liberté et joie, il ne faut pas s'imposer des restrictions mais vivre sa vie avec joie. Prendre conscience de chaque petite chose que l'on fait dans la journée. Soigner notre famille, nos amis, nos relations, les schémas qui ressortent régulièrement.

Seconde partie

La médecine du champ d'information

Les bases théoriques

Marcus Schmieke[9]

Concernant l'histoire générale de la physique quantique et les chercheurs sur lesquels mes travaux se sont principalement appuyés comme Karl Frederich Weisäcker ou Burkhard Heim, ces chercheurs étaient à la fois philosophes et physiciens théoriques. Cela amène plusieurs remarques :

- En physique quantique d'aujourd'hui, la limite entre la matière et l'esprit n'est plus une frontière absolue, mais plutôt une ligne continue.
- Les objets individuels matériels sont vus comme un ensemble, une seule grande onde quantique représente l'ensemble des particules de l'univers (Stephen Hawking). Voir chaque particule comme indépendante est une approximation.
- Weisäcker étend cette idée non pas uniquement aux objets matériels, mais à toute la conscience ; il n'y a pas de différence entre les objets et les sujets. Nous sommes un en tant qu'êtres conscients.

Toutes les institutions humaines et nos sociétés depuis 3000 ans sont basées sur l'approximation de la séparation, la séparation du corps et de l'esprit, la séparation entre les consciences, et le travail sur l'espace de la conscience que nous faisons ici est pour moi primordial.

Les religions expliquent que la souffrance vient de cette séparation. Avec le champ d'information, quand on travaille, on travaille toujours en fusion avec nos patients. Sabine Weber nous dit qu'elle travaille au mieux avec ses patients entre 22 heures et 4 heures du matin, quand le champ de conscience est le plus calme ! C'est le moment où elle peut repenser à ses

9 cf. interview pour mon film « En réalité » et livre « La seconde voie », *op.cit.*

patients et communier avec eux, au niveau du champ de l'information... Méditation, Ho'oponopono, permettent de recréer des liaisons là où on voit des séparations.

Pensez à ces deux pré-requis qui sont pour moi les piliers de la nouvelle physique :

1. l'instant présent existe. Einstein était désespéré car l'instant présent n'est pas pris en compte dans la théorie de la relativité. La physique ne prend pas en compte le « maintenant ». Le « maintenant », c'est la conscience ! En réalité, tout ce dont on a besoin, c'est de l'instant présent.
2. L'être humain est habitué à découper tous les problèmes en questions simples, oui ou non ; mais il est aussi capable d'analyser ce qu'il voit dans son ensemble, répondre à toutes les questions à la fois, plutôt à la manière d'un artiste.

Weisäcker nous dit que, quel que soit le nom qu'on lui donne (matière, conscience...) la réalité est une. Mais c'est à partir du moment où l'humain essaie de la découper en petits bouts, que la souffrance se manifeste. Nous sommes un sujet qui imagine quelque chose. Ainsi on en revient au sujet qui perçoit l'expérience. Se sentir chacun le sujet qui observe tout le reste de l'univers est la fausse séparation fondamentale -l'approximation de l'objectification- qui est à la base de la souffrance.

Nous ne sommes pas qu'un objet, nous sommes aussi du côté du sujet, appelons le l'âme, nous sommes partie de ce sujet absolu et universel. C'est ma conviction profonde... L'amour et l'empathie sont des expressions de cette conviction profonde que nous avons en nous, parce que nous sommes tous un, nous sommes tous connectés, c'est pour moi l'enseignement principal de la physique quantique.

Pour Weisäcker, il faut maintenant plusieurs conditions :

1. La conscience rationnelle
2. Une éthique radicalement nouvelle
3. La religion et l'illumination, qui sont deux projets non finis et qu'il faut amener à leur potentiel. C'est ce qui est annoncé dans toutes les religions (le retour du sauveur).
4. La liaison entre la matière et la conscience, qui doit être réalisée en chacun.

MTC et champ d'information

Zhikang Dai, Dr Changlin Zhang

Le canon intérieur de l'empereur Jaune dit que « le cœur gouverne l'esprit ». Dans cette logique, si le cœur guide le cerveau (rationalité et conscience), qu'est-ce qui guide la spiritualité, l'inconscient, les émotions ? La MTC nous dit qu'il s'agit de l'estomac.

Ces « 3 cerveaux » forment, dans cette perspective, un système vital holistique de conscience.

Un cycle jour/nuit tourne entre ces 3 cerveaux : le jour, c'est plutôt le cerveau haut qui gouverne ; la nuit, c'est plutôt le cerveau de l'estomac ; seul le roi, le cœur, ne dort jamais. Le cœur est le Roi de l'Esprit.

La formule mathématique de base de la beauté et de l'harmonie : 1+1=3 ; addition avec création d'un nouvel élément entre les deux (illustré par deux danseurs).

La formule de l'état chaotique parfait : 1+1=2 ; addition sans création de valeur (illustré par des enfants en maternelle)

La formule de l'état de cristal parfait : 1+1=1 ; aucune addition si on ajoute des éléments en plus (illustré par des militaires qui défilent)

1+1=3 est le symbole de l'état en parfaite cohérence.

2 danseurs : $1+1=2^2-1=3$

3 danseurs : $1+1+1=2^3-1=7$

4 danseurs : $1+1+1+1=2^4-1=15$

Comment calculer l'état idéal chaotique avec des statistiques ?

Ce sont les travaux de Gauss et la courbe de Gauss en forme de cloche qui le montre. La distribution de Gauss en forme de cloche montre un état dans lequel chaque personne est indépendante l'une de l'autre.

Au contraire, la distribution idéale d'un état ordonné montre une seule valeur et tout le reste à 0.

Pour un état cohérent idéal, on a une courbe log (accélération forte et décroissance faible)

L'espace de Hilbert permet de calculer la distance entre 2 courbes.

On peut représenter un espace comme un triangle entre chaos, cristal, et un état cohérent et harmonieux ; dans ce triangle en 2 dimensions, chaque état particulier se placera avec des coordonnées pour refléter ses valeurs.

Pensées interconnectées : optimiser les stratégies thérapeutiques

Folker Meissner

Introduction

L'information ne fonctionne que si elle a une signification. Par exemple si on me parle chinois, l'information a une signification mais pas pour moi, je ne peux donc pas y répondre ni la comprendre.
Tout est interconnecté à différents niveaux.

Pour le soin il est important de penser à la conscience. Ainsi il est important, pour soigner d'une personne, de considérer l'ensemble des interactions : famille, groupe, société et même les aspects globaux. En particulier des aspects externes agissent sur les poumons, les reins, la peau, la thyroïde, le pancréas, le cerveau l'intestin, le système immunitaire, les hormones : tous ces systèmes sont connectés au monde extérieur à l'organisme.
Nous avons donc cette intrication sociale et cette connexion spirituelle.
On peut ainsi combiner les découvertes récentes avec la sagesse ancestrale : mystique, ésotérique, chamanique et hermétique.

Il ne faut pas traiter les maladies mais créer les éléments nécessaires à la santé.
Se détourner de la médecine orientée vers la maladie du XXe siècle pour aller vers la médecine du futur orientée vers la santé.
Les patients sont les sujets de leur parcours, et non les objets.

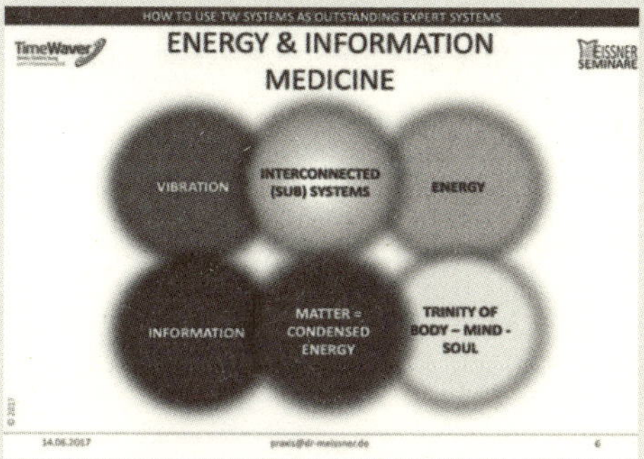

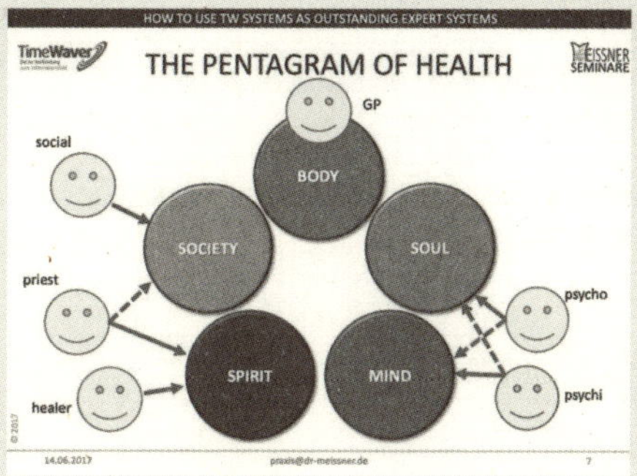

Le médecine du champ d'information nécessite :

- Une interface homme-machine
- Une reconnaissance des schémas
- Un système radionique
- La médecine bio-physique
- Et la parole

Si on place un verre devant le projecteur on en voit une projection en 2 dimensions d'un objet en 3 dimensions, avec des reflets de lumière etc. Mais ce n'est pas l'objet original. C'est pareil pour le monde en 3 dimensions qui est la projection d'objets en plus de dimensions.

On doit inclure la physique quantique et l'univers dans cette médecine. La distance n'existe plus.

On peut se représenter un cycle avec :
Pensées → Émotions → Comportement → Expérience → Pensées → ...

La vie est un état de déséquilibre stable, un système non-linéaire ouvert en mouvement perpétuel avec des structures de dissipation. Cela signifie que tout peut changer à tout moment.

Un GPS indique des points précis sur une route, si on essaie d'analyser chaque segment c'est complexe et il est impossible de deviner où le chemin mène, mais si on suit la route calculée on arrive à destination. Le champ

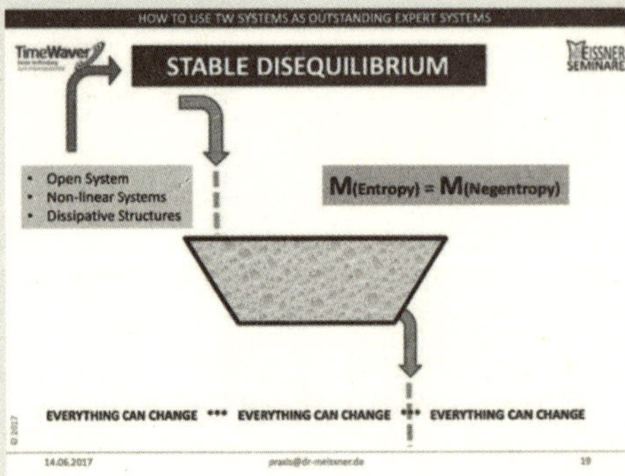

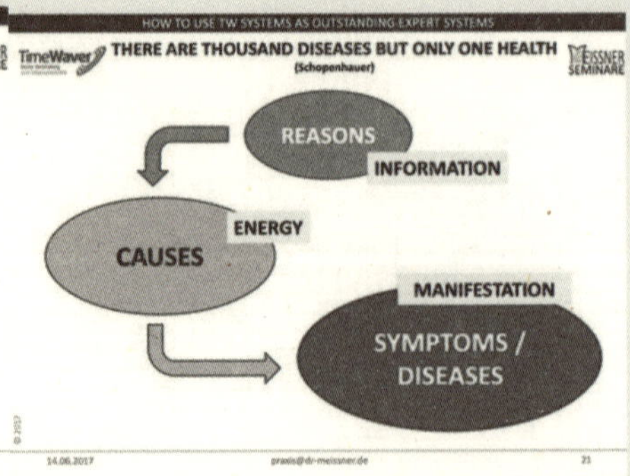

d'information permet ce calcul et de trouver un chemin difficile à deviner dans l'information.

Il faut remonter à la source pour trouver les **raisons** (dans l'information) qui impliquent la **cause** (dans l'énergie) puis la **manifestation** (les symptômes et maladies dans la matière).

Exemple :

- Manque d'orientation dans la vie (raison)
- Vertèbre C1-5 bloquée (cause)
- Arythmie cardiaque (symptôme)

Évidemment en réalité c'est un ensemble (un réseau) de causes et raisons.

La médecine de l'information permet d'intervenir très tôt dans le développement des déséquilibres, à un coût bien moins important.

Chaque individu est influencé par son ADN mais aussi par son Karma.

On créé un triangle appareil - praticien - patient, et il faut que l'information ait de la signification pour le patient (qu'on ne lui parle pas chinois!).

Plus l'information est précise mieux on cible les choses. Par exemple un nom de famille concerne des milliers de personnes, avec le prénom des dizaines, avec la date de naissance quelques-uns ou un seul. Une photo est précise mais pas actuelle. Un cheveu, une goutte de sang : c'est très précis. Je reprends des empreintes énergétiques et de conscience avec l'appareil tous les ans, ou après des gros changements. Parfois les empreintes sont différentes si des membres de la famille sont dans la pièce, je leur demande de sortir. C'est pareil avec des questions : les réponses seront différentes si

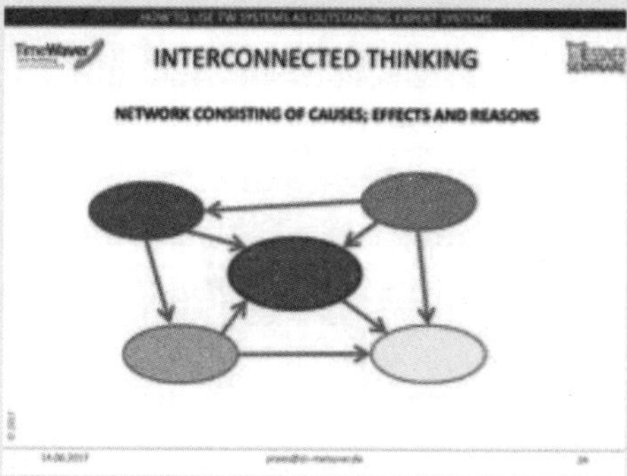

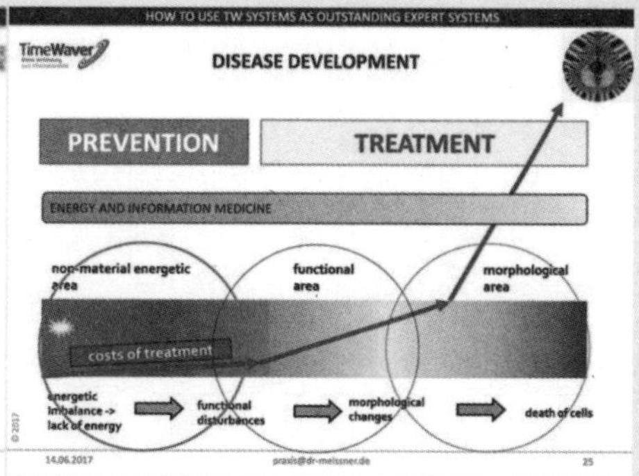

certains membres de la famille sont présents ou non, en particulier chez les enfants.

Que peut-on faire avec cette connexion dans le « cloud » ?

- Collecter des données (précision constatée : 85%)
- Écrire des informations.

Une expérience avec des ondes scalaires : un chercheur a séparé en deux une tumeur et traité une moitié à des centaines de km de l'autre, les deux reliées via un appareil à ondes scalaires. L'autre moitié a ainsi été guérie de la même manière, sans traitement ?
Attention à la pensée « Big Pharma » (vous avez un problème, achetez ma substance pour le résoudre) qui serait : vous avez un problème, achetez mon information pour le résoudre. C'est une relation de pouvoir qui voit le patient comme un objet.
Attention aussi à « l'info-smog », la saturation d'information. (Trop d'information tue l'information).

Attention à demander la permission au patient, ce n'est pas la capacité qu'on a à regarder qui nous en donne le droit.
L'auto-détermination informationnelle est un droit fondamental. Attention à la manipulation, il faut toujours demander la permission.

Il faut de la connaissance, de la pratique, de la communication et de l'écoute.

Un hologramme affiche une information différente selon l'angle de la lumière et l'angle de vue. Ainsi deux praticiens verront deux projections différentes d'une même information venant de 6 ou 12 dimensions.

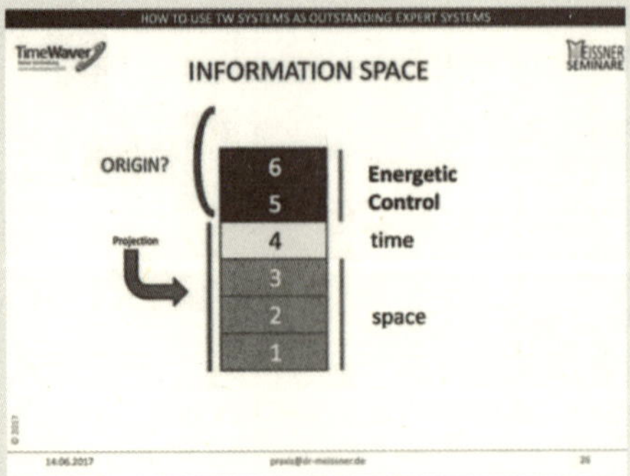

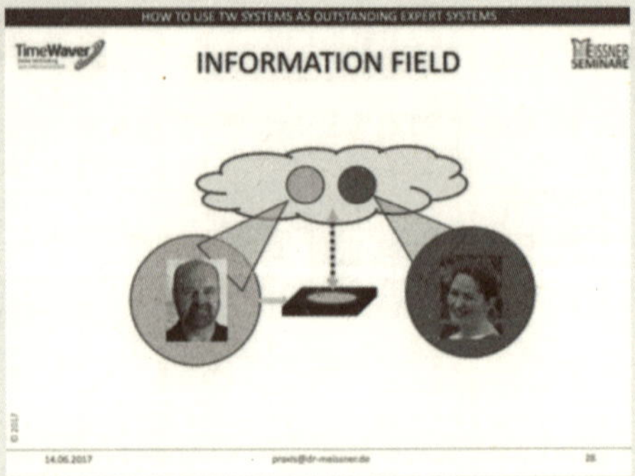

Le développement des maladies

Il faut quitter son état de gourou, continuer à apprendre, avoir de l'humilité et savoir se transformer avant de réellement transformer les autres.

Il faut être à la fois un médecin, un soignant et un prêtre. Développer l'empathie, l'intuition, se donner le temps, et développer les qualités du cœur (amour).

Le traitement se passe au niveau physique, le soin se passe au niveau de la conscience. La médecine de l'énergie et de l'information permet la liaison entre ces deux aires.

Notes pratiques

(les informations concernant uniquement les utilisateurs de TimeWaver seront signalées par un texte italique sur fond gris ; tous les concepts utilisés ici son expliqués au début de la troisième partie).

Création de listes combinées ; dimensions

On peut créer des listes combinées dans la base de données (avec des listes n'ayant pas trop d'éléments...)
Procédure avec TimeWaver : glisser-déposer avec clic-droit de la liste choisie vers la liste à combiner. Cela permet de rechercher des synergies entre deux listes.

En ajoutant une dimension, on peut encore ajouter une information supplémentaire, par exemple sur l'origine du problème, son emplacement, etc.

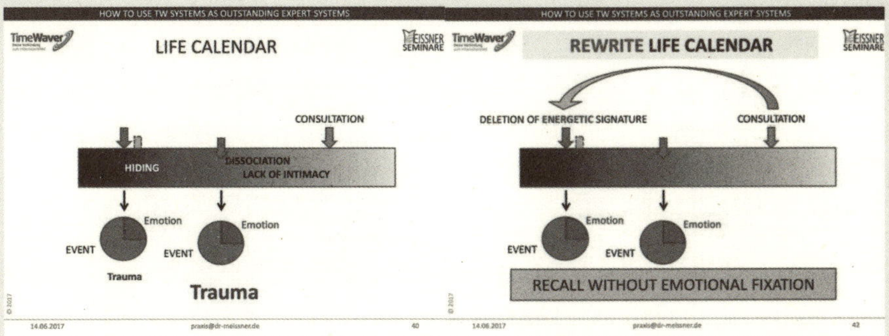

Choix des intervalles

Mettre une liste en émission est comme un balancier : on va le faire se balancer rapidement pour des problèmes aigus, et plus lentement pour des problèmes anciens.

On peut créer plusieurs listes en regroupant les éléments qui doivent être émis avec les mêmes intervalles.

Les points nodaux permettent un calcul adaptant l'intervalle et la durée d'après une spirale. L'émission est rapide au début puis de plus en plus espacée. Le problème est qu'il faut utiliser un ordinateur dédié à l'émission ou le lancer avant un week-end par exemple, puisque l'émission est interrompue quand on travaille et que la cascade harmonique est donc brisée... Ne lancer cette fonction que si on peut laisser l'ordinateur un jour et demi sans l'interrompre. Il faut aussi que le taux d'utilisation (affiché en bas) ne soit pas trop élevé (max 60-70%), ou alors il faut désactiver des listes actives.

Concernant le cancer

Le cancer est invisible en général pour la médecine énergétique et informationnelle. Pourquoi ?

- Car il s'agit dans 98% des cas d'un suicide inconscient du patient (mode de fuite)
- Car le système immunitaire protège les cellules cancéreuses, puisqu'elles appartiennent au système.

On va donc travailler sur les signes dans cohérence organe :

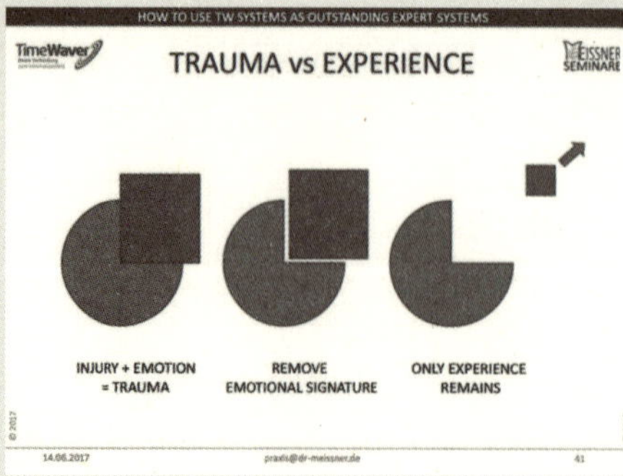

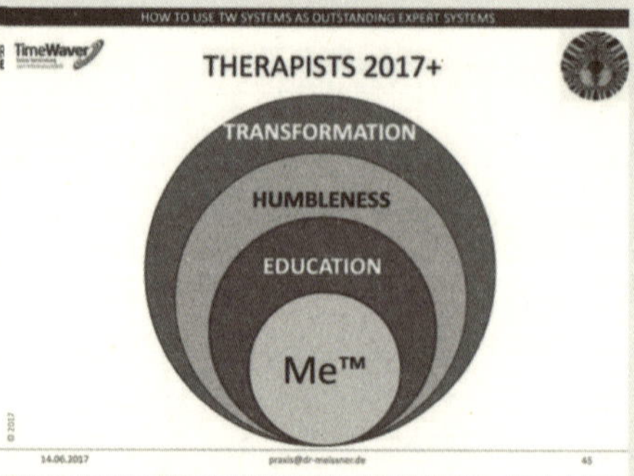

- Lignes rigides dans le système immunitaire
- Distribution chaotique des cellules immunitaires
- Malformations dans l'analyse des causes d'un organe.

Il n'y a aucun traitement spécifique, car les causes et raisons sont nombreuses.

Pour un effet durable, trouver les **raisons** pour nettoyer le **terrain profond**. (une source émotionnelle, mais une toxine ou un produit chimique peuvent aussi être suspectés).

Pour un effet immédiat, trouver les **causes** pour prévenir la croissance de la tumeur et arrêter le mode de fuite du patient. Supprimer la culpabilité, cela n'existe pas et est très souvent en cause. Demander au patient de décrire la situation et rechercher ce qui lui crée le plus d'émotions négatives : rage, énervement, qu'il retourne contre lui. Trouver les bénéfices collatéraux (cancer = victime) et expliquer sa responsabilité.

Il faut traiter les 5 sections (pentagramme) :

Corps / Esprit / Âme / Mental / Environnement, société

Pensez à l'expérience d'intrication des tissus : des cellules traitées dans une boite de pétri ont une action sur les cellules restées dans le corps du patient. Ces cellules communiquent à distance, comme lors des expériences d'intrication quantique entre deux particules.

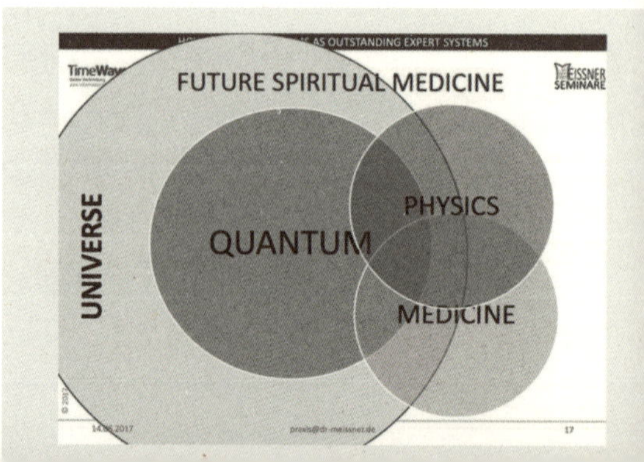

Concernant les maladies mentales dégénératives : Alzheimer, Parkinson, démence...

Il existe des listes Alzheimer, Parkinson avec lesquelles on peut directement travailler. A propos de l'auto-agression : Hashimoto, sarcoïdose, diabète, arthrite rhumatoïde... Il s'agit de personnes s'auto-mutilant. Il faut encore trouver pourquoi ces personnes sont en mode de fuite.

Chercher le conflit caché. Elles y trouvent également des bénéfices collatéraux. Pourquoi j'en demande trop peu (hashimoto) ou trop (arthrite) de ma vie ? Pourquoi je ne m'autorise pas une vie douce (diabète de type II) ? Traiter les organes concernés. Nettoyer le passé et le présent. Nettoyer l'environnement si nécessaire. Trouver des meilleurs options pour la vie en cours.

Pour le diabète de type II, au début le pancréas n'est pas malade, il est juste épuisé, si trop d'insuline est nécessaire pour une trop longue période.

Concernant la détoxification

Une détoxification mal réalisée peut apporter des dommages durables, en particulier dans le système nerveux central. On peut accompagner une détoxification avec la bonne information.

La détoxification se passe en deux phases : Phase 1 : mobilisation, oxydation ; phase 2 : élimination.

Les produits sont déterminés génétiquement et adaptés à chaque personne. Par exemple une grande part de la population manque de certaines formes de glutathion-S-transférase (50% pour M1, 20% pour T1).

Concernant Asperger, les TIC/TOC, l'hyperactivité

Le système nerveux central est en jeu. On trouve souvent des expériences de violence (guerres...) transmises par l'épigénétique, en général sur la 2e ou 3e génération. Travailler sur le système nerveux central pour l'optimiser (comme la ritaline qui « appuie sur les freins »).

Le fil rouge dans le diagnostic par fréquences

Martina Kondritz

Quand j'utilise l'appareil à micro-courants guidé par le champ d'information, mon protocole standard est le suivant, c'est celui recommandé par les concepteurs :

- Niveau d'information : on recherche d'abord dans le champ d'information les éléments qui doivent attirer notre attention, dans la base de données fournie.
- Temps réel 1 Hz - 1 kHz : le système émet des fréquences selon les informations fournies par le champ d'information, et les auto-adapte en temps réel selon ses mesures. Cette plage de fréquence correspond plutôt aux problèmes physiologiques.
- Résonance 1 Hz - 1 kHz : le système émet les micro-courants électriques trouvés comme nécessaires au rétablissement d'un équilibre, en mode résonance. Cette plage de fréquence correspond plutôt aux problèmes physiologiques.
- Indications : une fois la partie liée aux problèmes physiologique rééquilibrée, le système recherche les causes possibles.
- Temps réel 15 kHz – 2 MHz : cette seconde série de mesures adaptées en temps réel concerne cette fois-ci plutôt les problèmes énergétiques, mentaux et liés à l'information.
- Résonance 15 kHz – 2 MHz : les micro-courants électriques de fréquences trouvées dans cette plage sont émis en mode résonance.

Cela me permet d'identifier et de trouver les problèmes et les solutions, d'abord sur le plan physique, puis sur le plan énergétique. Il est important de débloquer en premier le plan physique afin d'avoir le maximum d'efficacité.

Les micro-courants « parlent » directement aux cellules, des dizaines de milliers de fréquences et de séries de fréquence sont répertoriées dans l'appareil, c'est pourquoi il faut utiliser le champ d'information et les mesures en temps réel pour détecter et vérifier celles qui sont réellement nécessaires.

J'utilise souvent ensuite le mode Matrix qui permet une recherche approfondie très pertinente.

Il existe également des modules complémentaires : McMakin, WaveGenetics qui permettent d'intervenir à des niveaux plus profonds.

Exemple de cas : S.D. Née en 1970 ; elle vient à cause d'une dépression mais une valeur est sortie, stimulation du métabolisme du calcium ; c'était totalement en dehors de mon radar ! On a vérifié ses analyses et c'était en effet pertinent, ses valeurs sanguines de calcium étaient trop élevées, en dehors de la normale. On a travaillé aussi les fréquences dépression et la première séance a apporté une grande détente.

N'hésitez pas à vérifier avec une analyse sanguine lorsque des éléments surprenants comme cela sortent... cela vous donne des pistes nouvelles de résolution !

Travailler en conscience avec des outils

***Dr Folker Meissner*[10]**

La médecine du futur sera à la croisée entre la physique, le quantique, et la médecine.
En tout ce que nous faisons, nous sommes intégrés dans l'univers, et je veux vous parler de l'effet de l'observateur.
On regarde depuis l'intérieur un système et on ne peut pas prétendre l'observer sans en faire partie.
Le spectateur peut suivre un événement, mais l'observateur va participer à l'expérience par le simple fait d'observer (effondrement de la fonction d'onde).

Quand sommes nous spectateurs, et quand sommes nous observateurs ?

Quand nous parlons à nous patients, quand on créé des moments émotionnels, nous avons effectivement créé un effondrement de fonction d'onde. Quand on identifie avec précision, quand on créé une illumination, par exemple en trouvant la cause profonde du problème du patient, quand on clarifie, alors on a atteint le succès en tant qu'observateur.
Quand on traite également, par exemple je pose plusieurs milliers d'aiguilles d'acupuncture par an, et il existe un terme qui indique que le patient observe que le point déclenché entraine une réaction dans tout le corps. Parfois, il suffit de survoler un point pour déclencher une réaction importante. Le patient dans ce cas ne reviendra pas dans l'état où il se

[10] cf. interview pour mon film « En réalité ».

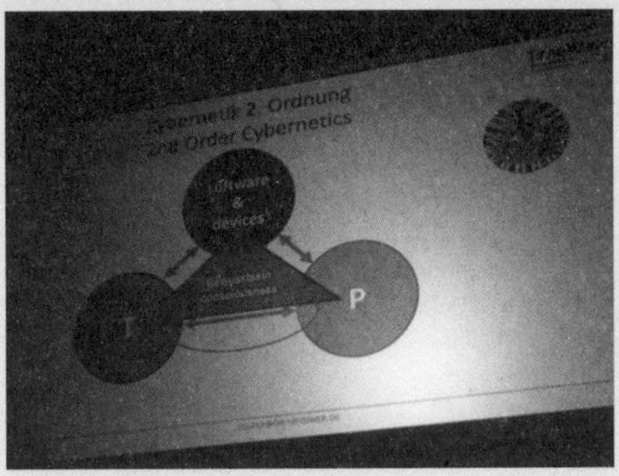

trouvait auparavant, c'est l'effet de l'effondrement de la fonction d'onde en physique quantique.

En tant que praticien, nous faisons partie d'un système : le praticien, le patient, et l'appareil ; ce triangle et lié par la conscience. Chaque partie est liée aux deux autres. Nous sommes impliqués en tant que praticien, nous ne pouvons pas être neutres, nous sommes intégrés à 100% dedans.

Dans le champ d'information, nous nous connectons au patient comme si on avait son adresse IP, ou son numéro de téléphone de conscience ; cela implique qu'un scan sans définir un objectif ne peut pas marcher car il faut être très précis.

Une fois que j'ai réalisé une connexion avec un patient, il n'a plus besoin d'être présent pour qu'on puisse le contacter à nouveau.

J'ai constaté que plus mes demandes étaient précises, plus les observations et les résultats l'étaient également. Quel doit donc être mon objectif quand je travaille avec un outil ?

On ne doit pas attendre le résultat qu'on imagine mentalement obtenir grâce à nos 20 ans d'expérience de terrain. Il faut rester l'esprit ouvert et demander les meilleurs résultats pour le patients. Autoriser l'information la plus pertinente à se révéler.

Plus j'ai d'à-priori, moins l'information pertinente a de chances de se manifester. Et plus des patients similaires à mes propres attentes -voir à mes propres problèmes- vont se présenter naturellement (synchronicités).

Ce qui nous donne le plus de pouvoir pour changer quelque chose et de passer de la position du spectateur à l'observateur, c'est d'activer notre cœur. Grâce au cœur, on peut se connecter au mental, au corps et à l'âme. C'est l'empathie qui a le plus d'effet.

Les robots n'ont pas de cœur ; un bon praticien va ressentir le problème du patient et saura le guider pour qu'il en prenne conscience, par le cœur.

« *Je suis encore perdu, mais à un niveau supérieur !* » Enrico Fermi

Coaching par l'information

Michael Danz

On va apprendre comment mettre en place une session avec un outil d'accès au champ d'information dans une session de coaching de la meilleure manière :

Comment se connecter au mieux avec le client et avec le système pour une session de coaching ?

Comment créer ce « moment magique » que l'on recherche ?

Quelles bases de données utiliser au mieux ?

Comment interpréter les résultats ?

Comment utiliser les applications pratiques avec les utilisateurs et les bases de données, les ensembles et les textes de focus ?

« Si vous voulez trouver les secrets de l'univers, pensez en termes d'énergie, de fréquences et de vibrations ». Nikola Tesla

L'information c'est in-formation, un champ d'énergie qui donne la forme. Notre réalité est mise en forme par l'information, et nous sommes influencés par l'environnement pour le voir comme on est habitués à le voir.

« Je ne crois que ce que je vois ! »

La science nous montre que c'est faux, on ne voit que 1% de la réalité. Que ce soit en terme de bande de fréquence visuelle ou auditive qui est très faible par rapport à toutes les fréquences existantes (les chiens entendent d'autres fréquences par exemple).

La pyramide des perceptions montre la complexité des systèmes interconnectés, pour la plupart invisibles à l'oeil nu.

De bas en haut, elle comprend :

- L'être humain en matière commune
- L'être humain biochimique
- L'être humain énergétique
- L'être humain émotionnel, mental, intellectuel
- L'être humain informationnel
- L'être humain spirituel.

Nous répondons à l'information, sur un support de parole par exemple ; chaque mot peut créer une réaction, c'est le fonctionnement de l'homéopathie par exemple. La première dilution (D), la seconde dilution (C), la 3e dilution (LM)... à partir d'un moment on ne trouve plus du tout de la matière ; et pourtant, plus la dilution est grande, plus l'impact est important. Dans ce cas, c'est l'eau qui est le porteur du message, et non plus la parole.

L'information n'est pas localisée ; quand on peut la numériser, elle n'est plus liée à un objet. Pas liée à l'espace, elle n'est pas non plus liée au temps, on pourrait la transmettre dans le temps.

Une clé USB aujourd'hui peut stocker une quantité énorme d'informations sur un minuscule support. L'univers est fait de manière **holographique** : dans chaque point de l'univers, se retrouve l'ensemble de l'information de tous les points de l'univers.

On a donc de l'information ; quelles sont ses possibilités et ses pouvoirs ?

Une expérience simple montre qu'un chien réagit à la seconde ou son maître quitte le travail, à 200km de distance. Les synchronicités sont connues depuis Jung.

Passion, en allemand, se dit « Leidenschaft », c'est à dire ce qui cause la souffrance.

« Cette joie qui dérive du contact des sens avec des objets et qui semble être un nectar initialement, mais un poison à la fin, est de la nature de la passion. » Bhagavad Gita 18,38

Comment fonctionne l'information ?

Notre programmation fonctionne en quatre étapes :

- **l'incompétence inconsciente** : on ne sait pas qu'on ne sait pas quelque chose
- **l'incompétence consciente** : on sait qu'on ne sait pas quelque chose, et cela nous ennuie
- **la compétence consciente** : on sait qu'on sait quelque chose, et cela demande des efforts
- **la compétence inconsciente** : on sait faire la chose comme une seconde nature et on le maîtrise.

Le champ d'information n'est pas constitué de forces physiques ou d'énergie, mais de schémas d'informations. Ces schémas peuvent être reprogrammés.

Les processus quantiques utilisés dans les appareils d'accès au champ d'information peuvent montrer des contenus conscients ou inconscients (les valeurs de potentiels et pertinences peuvent indiquer ces niveaux).

Devenir conscient de schémas en soi, permet de commencer le cycle de programmation pour se reprogrammer. Le soin passe par la prise de conscience des contenus psychologiques bloqués.

Le corps peut recevoir des informations sur les problèmes et les solutions potentielles (ex. homéopathie numérisée).

La non-causalité est souvent en jeu, et le « pourquoi » n'est pas toujours pertinent.

La conscience, en tant que force, permet de mettre en avant, parmi des possibilités infinies de développements physiques, la réalité unique que l'on observe habituellement ; la réalité à laquelle on donne la meilleure possibilité.

L'esprit peut avoir une influence directe sur les processus matériels. La conscience peut interagir avec les processus matériels, **via le champ d'information**.

L'esprit créé la matière dans le champ d'information, mais aussi l'inverse : le monde matériel peut influencer l'esprit via le champ d'information.

Chacun a son champ d'information, chaque groupe a son propre champ, et au plus haut, l'ensemble de l'humanité a aussi son propre champ ; et chacun

interagit avec les autres, dans tous les sens.
Un individu peut influencer le champ d'information de l'ensemble de l'humanité, de même qu'il peut être influencé par lui.
L'information se partage par elle-même : par exemple, il a été très long d'apprendre à des singes, sur une île isolée, à ouvrir des noix de coco ; mais les singes sur l'autre île, sans aucun contact matériel, l'ont appris très rapidement.

Qu'est-ce que l'esprit ?

« Pour celui qui a conquis l'esprit, l'esprit est le meilleur des amis ; mais pour celui qui n'a pas réussi, l'esprit reste le pire ennemi. » Bhagavad Gita 6,6

« Les entités vivantes dans ce monde conditionné sont mes parties fragmentées éternelles. A cause du conditionnement de la vie, ils luttent très fort contre les 6 sens, qui incluent l'esprit. » Bhagavad Gita 15,7

Thèse (joie) / antithèse (renoncement) sont dans la dimension matérielle. La synthèse (dévotion), basée sur des principes supérieurs, est dans la dimension spirituelle.

L'outil vu comme un guide spirituel

Holistique = Holy (saint). Les gens perdent la santé quand ils perdent leur but dans la vie ; les solutions spirituelles dans la vie sont les sources de la santé.
L'évolution spirituelle de l'âme est importante pour la prévention à la source des maladies – le « mal a dit » – en anglais, mal-être (dis-ease).

La conscience va au-delà de la matière : nous sommes plus que des êtres de 4 dimensions d'espace et de temps. En tant qu'êtres de conscience, nous devons intervenir dans des réalités supérieures. Tout est connecté dans ces niveaux supérieurs (intrication quantique). A ces niveaux, on peut intervenir sur des problèmes individuels ou de société (champs d'information).

« Il est impossible de régler un problème avec la même manière de penser que celle utilisée pour le créer » Albert Einstein

La conscience accède au-delà de la matière, y compris avec le logiciel utilisé, par exemple ; c'est le principe du client actif : on pourrait travailler avec l'outil avec un client universel, et obtenir les mêmes résultats, tant qu'on se concentre sur le client (le praticien établit alors l'interface).

Quand ne PAS utiliser des outils ?

- Si je n'ai pas de raison / d'objectif / de focus
- Si je ne suis pas d'humeur
- Si ma relation personnelle avec l'outil n'est pas assez forte
- Si je n'ai pas l'espace ou le temps pour travailler avec l'outil
- Si je ne vois pas d'ouverture pour des changements pratiques en moi ou dans la vie de mes clients
- Si je ne comprends pas les principes des connections des consciences

Le moment magique se créé avec le triangle entre l'utilisateur (praticien), le client (patient) et l'outil.
Le praticien doit être un miroir transparent, et ne pas être victime de ses propres aveuglements. Il doit avoir une connexion stable, créer une relation qui permette les révélations (sans frein), être sans attente, et fournir le meilleur résultat pour le travail de coaching.

Application pratique

Pour une application pratique, deux bases de données sont par exemple utilisées : « Dissolution de souches » et « matrice spirituelle ». Il suffit de les importer dans les bases de données.
*Pour créer une base de données mélangée, on glisse avec LE CLIC GAUCHE de la souris la seconde sur la première ; après confirmation, cela créé une base mixée qui comprend une matrice de chacune des entrées de la première avec celles de la seconde (43 entrées * 29 = 1247 nouvelles entrées).*
On importe ensuite les textes de focus, les dimensions, avec le bouton « importer » en haut (s'il n'apparait pas, double-cliquer sur la colonne blanche de gauche - celle où les dossiers apparaissent normalement), et

les ensembles. (Chacun de ces fichiers est dans le dossier correspondant sur un fichier zip disponible sur demande).

Etapes du coach assisté par le champ d'information

1. *Se préparer pour la session de coaching avec l'ensemble de préparation, ou utiliser la liste comme modèle.*
2. *Classer selon les meilleurs paramètres ; envoyer la liste pendant 1m20.*
3. *Engager le client en formulant l'objectif optimal et la sélection dans la base de données (au maximum 20 entrées).*
4. *Créer le « moment magique », avec l'aide de la méditation par exemple pendant le temps de l'analyse.*
5. *S'attendre à ce que tous les résultats soient parfaits pour la situation actuelle du client, surtout s'il se présente une urgence d'optimisation. Ceci fluidifie le champ d'information.*
6. *Convoyer le message reçu de manière la plus transparente possible, avec l'aide de nos expériences personnelles.*
7. *Prendre son temps pour chaque entrée, dans la liste, pour trouver sa place juste dans la structure de personnalité du client.*
8. *Envoyer la liste pendant 4 semaines.*
9. *Donner du travail à domicile au client, pour lui faire travailler son implication avec son développement personnel.*
10. *Envoyer la liste en PDF ou l'imprimer, pour laisser le client en résonance avec les 3 à 5 entrées les plus importantes.*
11. *Laisser le client noter les entrées qui résonnent le plus, pour une répétition chaque jour où la liste est émise en vibration (laisser le client assumer sa propre responsabilité).*
12. *Rester en contact avec le client si nécessaire, pour envoyer des éventuelles modifications pendant la période d'émission de la vibration de la liste*
13. *Utiliser l'analyse de bilan (check-up) après 3-4 semaines pour voir ce qui reste à soigner, et émettre la liste modifiée à nouveau pour 3 jours*

14. *Utiliser les retours du client pour voir si certains points nécessitent d'aller plus en profondeur (principe des pelures d'oignon).*

Signification des potentiels

Les potentiels indiqués dans les résultats ont similaires aux dilutions homéopathiques ; ils indiquent à quel endroit l'information trouvée se situe. Ils indiquent avec quel type de dilution et à quelle valeur de dilution l'information résonne :

- **D** : *Problèmes* ***matériels****. Problèmes trouvés sur le corps : maladies, douleurs, défauts*
- **C** : *Problèmes* ***mentaux****. Problèmes trouvés dans les peurs, tristesses, stress, faiblesses énergétiques, problèmes de concentration, problèmes de communication, problèmes de motivation*
- **LM** : *Problèmes karmiques et* ***spirituels****. Problèmes trouvés au niveau spirituel comme manque de joie de vivre, confiance, inspiration, vision, but.*

- **1-60** : *Mauvaise action*
- **100-400** : *Mauvaise pensée*
- **1000-2000** : *Mauvais style de vie*
- **10000, 50000, 100000** : *Thème de vie*
- **1E6** : *Problème karmique*
- **1E12** : *Problème parental*
- **1E24** : *Problème avec les grands parents*
- **1E36** : *Problème ancestral*

A propos des nosodes

Les nosodes ont initialement été pensés comme des vaccins homéopathiques. C'est, dans le principe de l'homéopathie, une méthode pour inverser directement l'effet d'une substance. Si on garde le même principe dans le champ d'information, un nosode devient simplement un contraire, une information opposée qui va rééquilibrer l'information initiale. On les utilise avec tout état négatif.

Procédure pour créer un nosode :

1. *Double-cliquer sur l'élément de la liste à transformer en nosode.*
2. *Couper (ctrl-x) le texte dans « état présent ».*
3. *Le coller dans « état désiré » et ajouter le mot « nosode » à la fin.*

Cela créé l'état désiré du nosode comprenant le terme à éviter.

Bien entendu, on voit qu'un nosode dans le champ d'information est simplement une information qu'on **définit** comme rééquilibrante.
Par exemple, vous recevez une information : « votre voiture vient d'être volée ! » qui créé en vous un état émotionnel négatif, une cascade d'hormones liées à la peur, le combat et la fuite, des signalisations électriques dans vos neurones et rappels de mémoires traumatisantes, de libération de neurotransmetteurs et de molécules diverses... bref : un effet extrêmement physique suite à une information entendue, reçue par téléphone ou lue par SMS...

Si vous recevez ensuite son nosode « ah, pardon, ce n'était pas la vôtre » ou « poisson d'avril ! », une cascade inverse va se mettre immédiatement en oeuvre : état émotionnel positif, cascade d'hormones liées à la réparation, le bien-être ou le soulagement, des signalisations électriques dans vos neurones et rappels de mémoires agréables, de libération de neurotransmetteurs et de molécules diverses... bref : un effet extrêmement physique suite au nosode d'une information entendue, reçue par téléphone ou lue par SMS.
Ces informations sont conventionnelles et non universelles. Dites « votre voiture vient d'être volée » à un amérindien du 17e siècle et il vous regardera sans réaction. De même, créer un nosode sans connaître la signification du mot n'aura qu'un effet fort limité. Toutefois, une fois leur acceptation intégrée, ils sont des outils puissants de rééquilibrage d'information !

Les conditions idéales pour nos cellules

Nuno Nina

Corrélation entre l'état électrique des cellules et maladies

Les cellules sont des batteries ; les valeurs de tension normales sont entre -90 et -70 mV. Pour la réparation, elles ont besoin d'un environnement d'au moins -100mV. On peut mesurer électriquement que toutes les maladies chroniques sont liées à un déficit dans ce voltage.

On conseille partout 2000 Kcal/jour (1Kcal = 4,2 KJoules)

En vérité on a besoin de plus ; le cerveau 514 Kcal/jour, la digestion et respiration consomme 1000 à 1500 Kcal – en tout, on peut estimer qu'on peut avoir besoin de 12500 Kcal/jour ! Une étude a montré que certains grands sportifs utiliseraient jusqu'à 1 million de Kcal par jour ! D'ou vient cette énergie ?

Les cellules sont un réacteur nucléaire.

En réalité, les cellules sont un réacteur nucléaire. Il s'agit d'un réacteur à fusion et non à fission.

Dans le soleil, 4 atomes d'H deviennent un atome d'Helium + un neutrino + un positron + de l'énergie. Le modèle classique de la cellule est que 2 K^+ deviennent 3 Na^+. Pour le Pr. Danos Pappas, l'ATP déclenche de l'énergie + $11Na_{23}$ $+8O_{16}$ + ... et de l'énergie en abondance.

Le pH

On voit le pH comme l'équilibre acido-basique. Voyez le comme un potentiel magnétique. En pensant ainsi on comprend les mécanismes du corps.

Un pH de 6 veut dire qu'il y a 10 fois plus d'ions H^+. Un pH de 9 : 100 fois moins d'ions H^+.

Comprenez-le sous l'aspect du potentiel magnétique ; la vitalité magnétique. Le H^+ (un atome d'hydrogène sans son électron) est un proton solitaire et joue le rôle d'un mini-aimant.

J'ai réalisé une nouvelle échelle de pH car l'échelle traditionnelle est calibrée à 25 degrés mais le corps est à 37 degrés. Dans cette échelle, à 8.225 de pH on arrive à 7.1 dans le corps soit 70 mV.

La valeur de rH_2 mesure le potentiel électronique, la quantité d'électrons disponibles, le flux d'électrons potentiel en phase aqueuse.

L'échelle rH_2 va de 0 à 42, le neutre étant 28. De 0 à 28 l'environnement est riche en électrons, on appelle cela réduit ou réducteur. De 28 à 42, oxydé ou oxydant, on est de plus en plus pauvre en électrons.

$rH_2=-\log(H_2)=33 .8E(V)- 2\log(H^+)$

la valeur ρ (« ro » grec) et la résistance électrique spécifique, comme mesure de la viscosité (le facteur diélectrique).

Le terrain et les liquides interstitiels

Louis pasteur a dit sur son lit de mort : « je me suis trompé, le microbe n'est rien ! Le milieu est ce qui fait tout », rejoignant Antoine Béchamp.

Le liquide interstitiel est le milieu dans lequel les cellules vivent. Les échanges sont assez complexes. L'activité des mitochondries est directement liée à la concertation en Na^+.

La bio-électronique de Vincent considère la vie dans son ensemble car les conditions biologiques magnétiques, électriques et diélectriques (résistance) sont déterminées. Ce sont ces équilibres qui font la vie et qui nous maintiennent en vie.

Louis-Claude Vincent, ingénieur hydrologue, a développé ces concepts il y a plus de 40 ans en France.

Dans un tableau pH/rH_2, on a 4 zones ; ces 4 zones correspondent à des types de maladies (le « terrain » en naturopathie).

- Ph faible = acide = riche en protons = Fermentations, bactéries (rH_2 faible, zone réduite, riche en électrons), ou champignons en zone oxydée (rH_2 élevé = oxydé pauvre en électrons).
- PH élevé = basique = déficience en protons : putréfactions = bactéries pathogènes si rH_2 faible (riche en électrons), dégénérations (virus) ; si rH_2 élevé (oxydé, déficit en électron).

En réalité, on peut placer tous les types de maladies sur ce graphe pH/rH_2. On voit par exemple que le cancer est alcalin mais avec un rH_2 élevé.

Regardez maintenant le tableau des aliments ; en choisissant bien on comprend ce qui se passe dans le corps et on peut choisir le traitement approprié pour rétablir un équilibre.

Le diagramme de style de vie montre que, passé une valeur élevée de rH_2 et de pH on ne peut rien faire sans modifier profondément le terrain, aucune thérapie ne marchera.

Le diagramme de l'eau montre ce qui est bon en fonction du milieu des gens. L'eau alcaline n'est pas bonne. Elle est parfaite est avec un ρ (ro) > 600 ohm, un rH_2 entre 22 et 26, un pH légèrement acide.

Que requiert la vie ?

On a besoin d'éléments pour le métabolisme, d'eau liquide, d'énergie, et d'électromagnétisme.

La planète terre est exactement dans la zone qui semble convenir pour la vie. De plus son magnétisme naturel nous protège de celles néfastes du soleil. Il y a 5 paramètres pour maintenir l'équilibre parmi nos milliards de cellules :

1. Glucose (80-110)
2. Pression sanguine (120-140/80-90)
3. Température
4. Oxygène
5. PH (7.29-7.37)

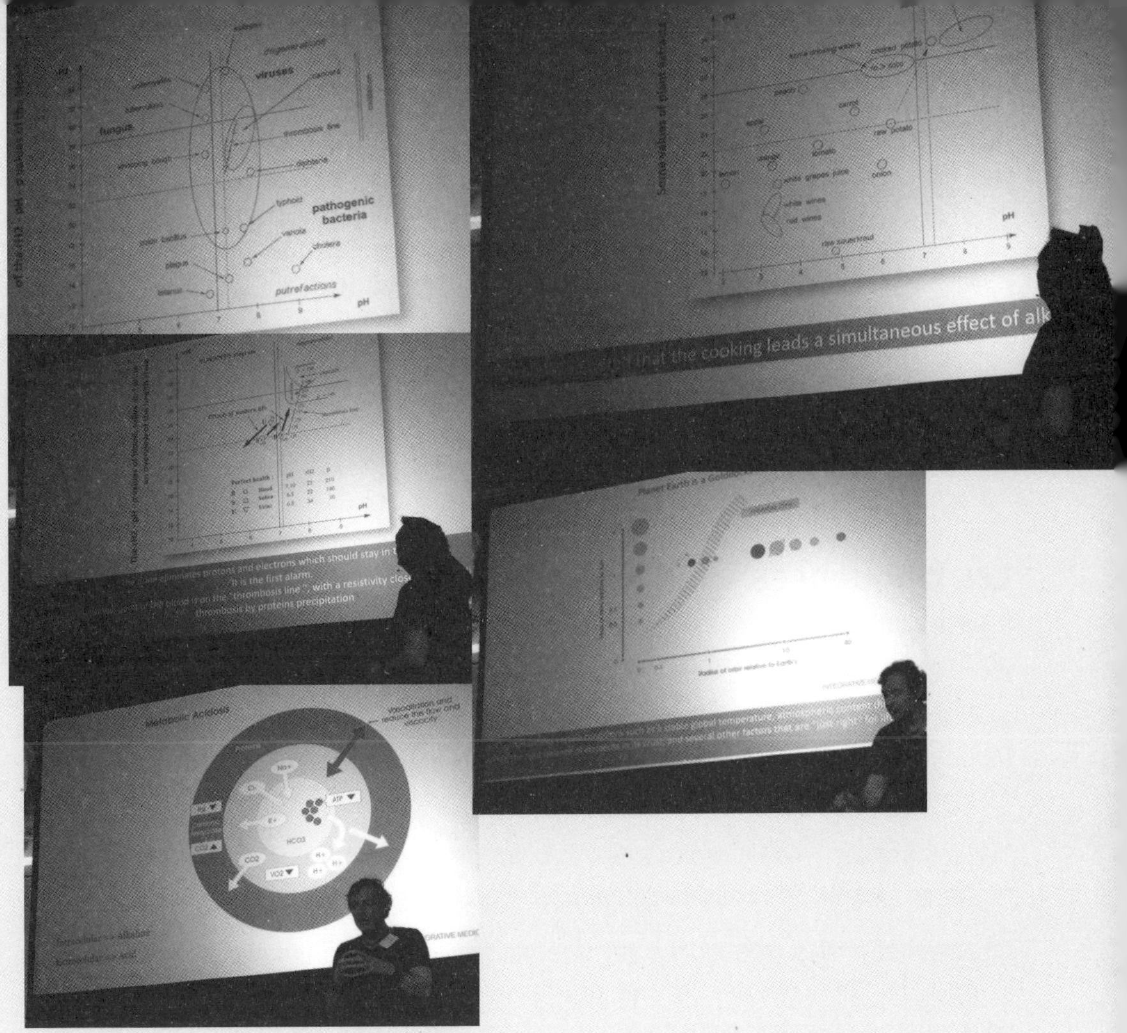

Notre champ électromagnétique est lié à notre pH. On reçoit les fréquences du soleil, le champ de Schumann (Terre), et les fréquences géomagnétiques.

La maladie est la perte du potentiel de la membrane, sans possibilité de fonctionnement normal. En général, passé 40 ans, le pH moyen descend et on perd du potentiel de nos batteries...
Pour que l'intérieur de la cellule soit alcalin, il faut que le milieu extérieur de la cellule soit acide.
Nos cellules ont deux fonctions de base : se diviser, et se différencier. La division (comme dans le cancer) nécessite bien moins d'énergie que la différentiation. C'est pour cela que le cancer a besoin de moins d'énergie. Pour apporter de l'énergie aux cellules et rétablir la différentiation, on a besoin d'O_2, qui n'est au contraire pas nécessaire pour la division.

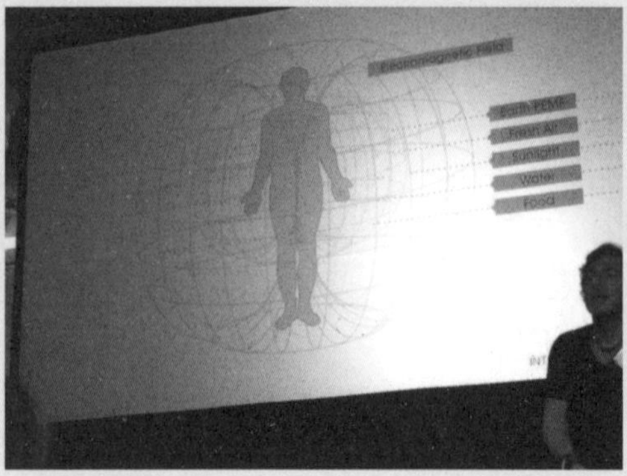

Les fréquences

Il s'agit simplement d'une séquence qui se répète. Il n'y a pas de fréquence positive ou négative, dans le sens de jugement ou de bénéfice.

Je distingue vibration et fréquence : une vibration est la contraction de l'énergie dans une fréquence. (une oscillation serait l'expansion de cette énergie).

Sur ces images *(NdA : reproduites à la fin de ce chapitre)*, chaque cellule, protéine... forme des dessins complexes et assez beaux.

En appliquant des fréquences sur une plaque avec de la limaille de fer (ou ici du sable) on créé des formes qui ressemblent étrangement aux images sous microscope des molécules ou cellules. En réalité en appliquant ces fréquences on redonne une forme – on ré-informe – la matière et on reforme les cellules ou les molécules. Chaque fréquence génère une forme différente, de plus en plus complexe quand les fréquences augmentent.

Si on prend maintenant une fréquence (300 Hz par exemple) mais qu'on prend une plaque ronde au lieu d'une plaque carrée, on obtient une forme différente ! En réalité les fréquences rebondissent partout et créent des effets différents selon le milieu dans lequel elles sont... !

En pratique, je mesure ρ (ro) du sang qui me donne en fin de séance un marqueur pertinent sur l'efficacité de la séance. ρ est la valeur principale pour la chaleur et il représente la résistance contre tout type de réchauffement et la conductivité K, qui est la capacité électrique (C=f(K)) qui peut augmenter la chaleur.

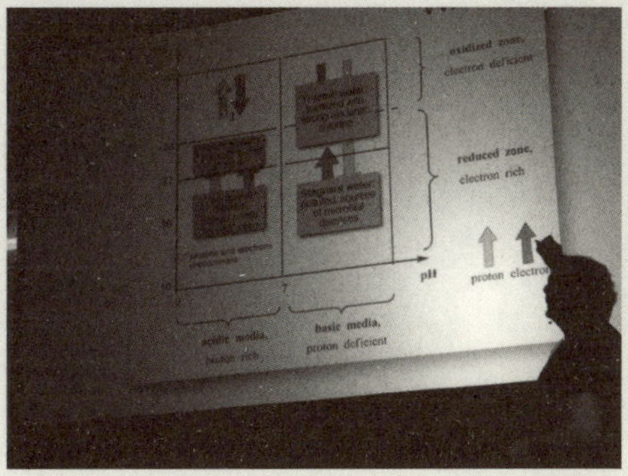

ρ est inversement proportionnel à la concentration en sels minéraux dissous en phase aqueuse. On l'exprime en Ohm.cm. En général on parle plutôt de la conductivité λ qui est l'inverse de ρ.

Notes :

- valeurs normales sang pH 7.1 ; rH_2 22 ; ρ 210
- valeurs normales Salive pH 6.5 ; rH_2 22 ; ρ 140
- valeurs normales urine pH 6.8 ; rH_2 24 ; ρ 30

La maladie est électrique

La symptomatologie est physique. On doit trouver une solution pour ces processus physiques. Si on regarde du point de vue physique c'est difficile de trouver une solution purement physique. Le générateur de micro-courants peut être adapté à la réponse spécifique du corps. Il est important de comprendre ceci : toutes les maladies sont électriques. Si on regarde le corps, on trouve beaucoup de champs électriques, ce qui permet de mieux comprendre comment l'appareil marche.
La terre émet un champ magnétique. La loi d'action-réaction entre en jeu : on cherche des solutions dans un environnement complexe, mais si on trouve la bonne action, on créé la bonne réaction.

Il n'existe pas de cellules cancéreuses. Pensez-y.
Imaginez que pendant le diner, vous vous plantez constamment la fourchette dans le bras. Le bras réagit en permanence. Imaginez le scientifique qui étudie ce phénomène. Il pense, je suis normal, ce qui se passe avec la fourchette n'est pas normal. Je suis le bon, il est le mauvais.

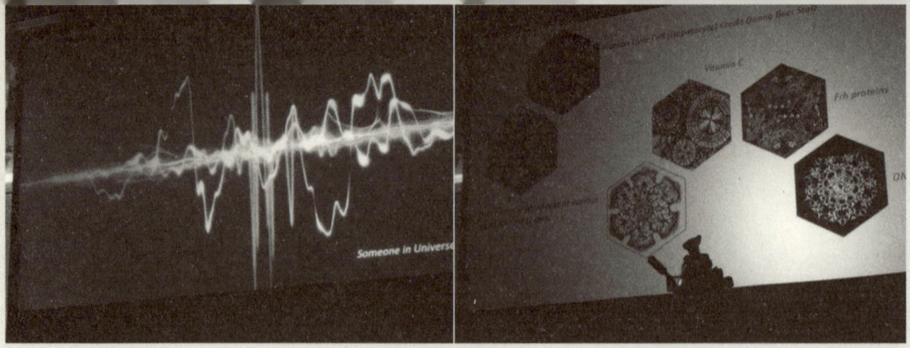

Nos cellules réagissent à ce qu'on leur envoie. Si on arrête de se planter la fourchette dans le bras, la réaction s'estompe et disparaît.
Ensuite, pensez vous que le corps réagisse à un stimulus en essayant de me tuer ? Non, les cellules n'agissent pas de la sorte. Elles ont un logiciel qui gèrent leurs réactions à l'environnement. SI l'environnement est très froid on va y réagir.

Le cancer n'est pas une maladie. C'est une réaction du corps. Il faut changer l'action, l'environnement. Comment faire ?
Tout ce qui est important pour la survie est présent en double dans le corps. Les reins, les poumons, les organes reproducteurs. Ils produisent des acides qui sont un signal selon l'environnement. Tous les processus dans le corps se ressemblent. Beaucoup sont liés à l'équilibre des acides.
Les reins travaillent avec des acides forts, contrairement aux poumons. Il faut aider les reins, en buvant beaucoup d'eau. L'eau apporte l'énergie aux reins. Si on ne boit pas d'eau, les micro-courants ne marcheront pas, l'eau est nécessaire pour leur fonctionnement.

Il n'existe que deux types de maladies : si les cellules sont acides à l'intérieur et basiques à l'extérieur, que se passe-t-il ? La cellule meurt. On obtient : Parkinson, Alzheimer etc. D'un autre côté si la cellule est alcaline et l'environnement est acide, on obtient le cancer.

Dans les deux cas notre but est de rééquilibrer.

Parlons des résonances. On travaille dans un champ d'informations. On travaille comme avec un oignon et des pelures. On ne peut pas dessiner précisément un détail, mais on va obtenir une image globale qui a du sens, on va dessiner des signaux sur une route qui va peu à peu prendre du sens. Nous ne sommes pas fabriqués par la matière, mais par la gravité. Le générateur de micro-courants travaille électriquement et dans l'information.

On peut changer son corps avec des messages électriques. Il faut comprendre ces deux concepts (champs électriques et informationnels), et il faut boire de l'eau pour fournir un support. Dans tous les appareils, si on travaille en fréquences élevées on est éloigné de la matière, en fréquences basses on est proche de la matière. Si vous avez un pH de 4 c'est parce que vous avez beaucoup d'ions. Un pH de 12, c'est peu d'ions. Pour les fréquences, c'est identique, avec une échelle décroissante. Avec l'appareil, on commence avec des fréquences basses pour traiter le corps physique. Cela prépare le champ électrique pour le traitement. Pour les douleurs, les hautes fréquences sont ensuite plus efficaces.
Si les fréquences sont très hautes, on va créer ce qui s'appelle une singularité.

Que pensez-vous que l'ADN soit ? Le champ de matière est en trois dimensions, et le champ de conscience est perpendiculaire à ce champ. En méditant, on se relaxe pour étendre son champ de conscience. Comme un champ magnétique est créé perpendiculaire à un champ électrique, le champ d'information est perpendiculaire au champ de matière.

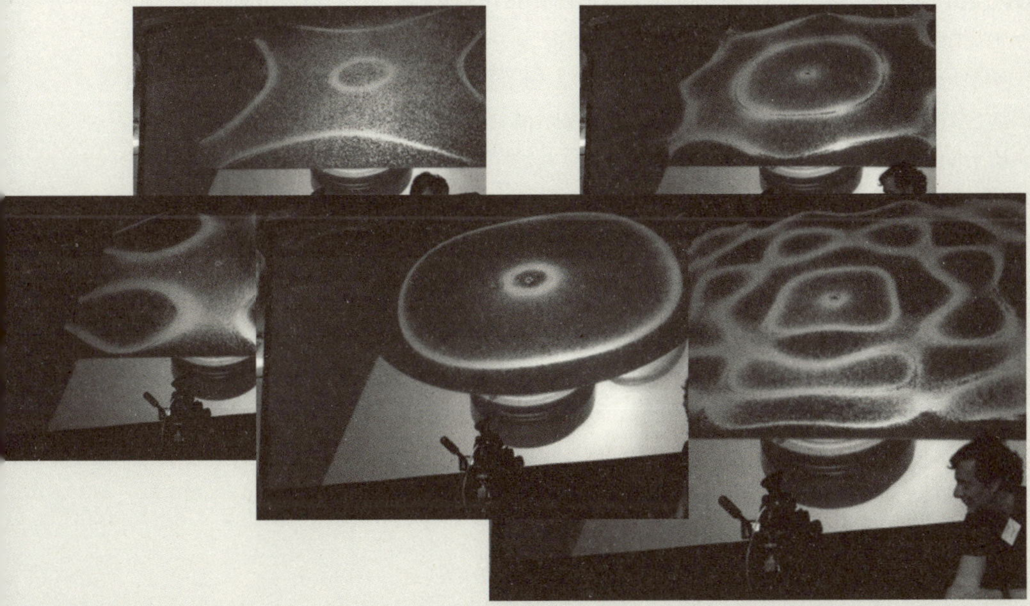

Fitness et champ d'information

Ursula Zirngibl

Une approche différente

Dépression, burn-out, problèmes de sommeils, perte de la connexion à l'énergie intérieure... Cela représente au moins la moitié des consultations dans les cabinets habituels. Les addictions, problèmes alimentaires... sont des recherches d'amour, de compréhension... Il s'agit aussi de rétablir les connexions. Les douleurs sont des indicateurs de blocages à un niveau physique, biologique, émotionnel, mental. Il s'agit dans la plupart du temps de rétablir des déséquilibres d'anciens traumas.

La plupart des gens qui viennent en consultation pour ces causes viennent avec une couche supplémentaire d'auto-reproche sur la situation. Le reproche, la faute, le jugement est une vision assez archaïque et il faut expliquer au client qu'il y a une raison à la base, ce qui permet de dissocier le client du problème. Il s'agit de trouver un espace pour traiter le problème à un niveau différent de celui où il a été créé. Travailler à un niveau différent permet d'aborder le problème à un niveau où une résistance automatique n'a pas été mise en place.

Comme dans les arts martiaux, on ne résiste pas à une attaque, on cherche une ouverture pour contrer sur un niveau différent.

- Le niveau karmique-systémique, selon l'ouverture des clients
- Forme mentale et émotionnelle, très visible
- Le système hormonal et le métabolisme
- Le système nerveux

- Le système musculo-squelettique
- Le métabolisme cellulaire et la biochimie

Il ne sert à rien de prendre des compléments nutritionnels si on refuse de les absorber, ou si la flore intestinale ou l'intestin ne sont pas en état. Au passage, une astuce : regarder la cohérence organe de l'intestin grêle. Surrégulé signifie quelqu'un prêt à prendre, à recevoir ; sous-régulé, au contraire, quelqu'un qui refuse de prendre, de recevoir.

Des ensembles, dimensions, et bases de données existent, on y trouve des outils pour rechercher des causes principales, comme par exemple en base de données : les causes géobiologiques.

Dimensions

Il est facile de créer des nouvelles dimensions. Par exemple, cliquer « nouveau » et créer « objets », puis « nouveau » et « lit », « table », « rideaux », etc..
Sélectionner ensuite la dimension « objets » et cliquer en haut « dimension active ».
Lancer une analyse sur les causes géopathiques. On obtient une liste de causes de l'objet lié.

Si on se trompe de fiche client ...

Il arrive qu'on recommence une nouvelle session avec le client précédent toujours sélectionné ! Et les résultats sont justes, car l'intention du praticien est bien sur le nouveau client... Dans ce cas, exporter les listes, les effacer de l'ancien client, passer sur le nouveau client, et importer la liste qui vient d'être exportée.

WaveGenetics

Si on trouve une cause métabolique ou au niveau cellulaire, il est intéressant d'utiliser le module WaveGenetics qui agit au niveau de l'ADN.

Astuce : ce module créé une piste mp3 qu'on peut diffuser en permanence avec un lecteur mp3 dans sa poche, pendant 6 mois ! Le son émis est absorbé par le corps et cela donne des résultats étonnants en thérapie sur les chromosomes, en particulier sur les maladies génétiques.

Je créé 5 programmes avec WaveGenetics et je demande aux patients d'effacer tout ce qu'ils ont sur le lecteur mp3 et de mettre ces 5 programmes en boucle. Il faut utiliser un lecteur mp3 basique à 10 EUR, surtout pas le téléphone portable ! Mettre le volume au maximum et sans les oreillettes, le porter près de la peau. L'énergie générée à la sortie casque suffit.

Développement, évolution

Une note sur les enfants et adolescents : il est normal de trouver des évolutions importantes, et elles sont souvent transformées en blocages à cause d'un cadre trop rigide qu'on veut leur imposer.
Pensez à vérifier les promesses et serments.

Raisons karmiques et systémiques

Au passage : je refuse de traiter un client tant qu'il a des plombages en alliages métal. Les appareils dentaires sont aussi terribles. Je leur explique qu'il faut les supprimer avant tout traitement durable. (il existerait des solutions en ostéopathie et en thérapie sacro-craniale qui peuvent aider à remettre les dents en place).

On peut utiliser « points d'énergie » avec un génogramme.

Mon interprétation des intensités :
1-4 *: Pas conscient en général, sauf pour des gens ayant travaillé sur soi*
5-7 *: Peut être conscient*
8-10 *: En général le client reconnaît tout de suite.*

Mon approche pour les potentiels :
1E36 *: Karmique*
1E24 *: Ancêtres*
1E12 *: Ancêtres directs*

Si un client vient pour un problème précis, comme un problème du cœur, et qu'il n'apparaît pas, c'est que d'autres portes sont bien plus faciles à ouvrir aujourd'hui, que le cœur n'est pas l'endroit par lequel il faut commencer.
Si le ventre fait du bruit alors qu'on approche les mains, c'est qu'il est prêt à parler au praticien ! Au contraire, un ventre qui ne fait aucun bruit même quand on le masse, n'est pas prêt à évoluer aujourd'hui.
Si vous trouvez un élément dans Cohérence organe à 0, l'organe dit « Je ne

veux donner aucun message, je refuse totalement de vous parler ! »
Pour savoir vers quoi travailler avec Cohérence organes ou Frequency, il est intéressant de demander au patient où il ressent une émotion identifiée. Bien sûr, une émotion est issue d'une pensée. Contrôler ses pensées, choisir ses pensées est une clé.

Les trois systèmes

Le système limbique

Le système limbique ressemble à un fer à cheval ; on peut faire imaginer au patient un fer à cheval illuminé dans son cerveau. Tous les traumatismes sont stockés dans le système limbique, cette visualisation permet de créer l'espace de changement nécessaire, neurologiquement.

Le système musculo-squelettique

Certains patients refusent d'admettre leurs émotions et leurs problèmes, pour eux tout est parfait, ils ont juste un cancer par hasard et personne ne comprend pourquoi. Travailler sur une détente musculaire permet de libérer aussi des blocages de pensées.

Le système biochimique

80% des processus biochimiques sont initiés par des processus électromagnétiques ; 20% le sont par des processus chimiques ou matériels. Donc 80% de nos récepteurs peuvent réagir en recevant les fréquences appropriées, et 20% ont besoin d'un soutien physique (compléments etc.).

Préparation d'application avec les micro-courants

Idéalement il faut d'abord faire une analyse avec le champ d'information, comprendre les implications et travailler les ouvertures, puis commencer une application physique avec les fréquences en micro-courants.

Les fréquences du cerveau :

- **30-50 Hz** : Gamma. Expériences mystiques.
- **15-30 Hz** : Beta. Conscience normale quotidienne.

- **8-14 Hz** : Alpha. Relaxation légère.
- **4-8 Hz** : Theta. Relaxation profonde.
- **0-4** : Delta. Sommeil profond.

Une chose importante, après avoir travaillé avec Cohérence Organe, analyse générale, puis « affiner » sur le système nerveux central : il est bon de finir avec les bases de données spirituelles, mantras, mantras dans les zones du cerveau... choisir les mantras des zones correspondantes (par une analyse).
Si on travaille avec les micro-courants, il faut toujours demander quels médicaments le patient prend, et surveiller l'évolution. Souvent les patients réagissent au traitement et entrent en auto-régulation, et il peut être dangereux de continuer le traitement. On ne peut jamais leur dire d'arrêter, mais ils doivent surveiller leur état et ils choisissent souvent d'arrêter ou de diminuer seuls. Pour ma part je refuse de continuer un traitement pour des personnes prenant des calmants ou psychotropes, et refusant d'en diminuer la dose par eux-même.
En cas de pacemaker, utiliser les électrodes à coller sous les plantes des pieds, ainsi on utilise le maximum de la résistance du corps et il absorbe l'information le plus loin possible du cœur.
Ne jamais traiter une femme enceinte. Les effets peuvent être trop graves.

Plan de traitement :
A-Détox, nettoyage, renforcement ; on travaille sur le corps, la maison, la voiture, ...
B-L'auto-détermination (l'esprit avant la matière ; les conditionnements.
C-Le système limbique et végétatif ; détermination des messages influents.
D-Le système neuro-musculo-squelettique : relaxation, pouvoir.
E-Physiologie, biochimie, physique
Pour les chakras, je commence par le premier chakra (racine) à la première séance, le second (sacrum) à la seconde séance etc. Ainsi les cycles hormonaux liés ont le temps de s'équilibrer.

1-Chakra Racine : Aldostérone, DHEA, cortisol, adrénaline. Lié à la glande adrénale et la colonne vertébrale.

2-Chakra Sacrum : Testostérone. Lié aux gonades, placenta, glandes mammaires, ovaires, reins, parties génitales.

3-Chakra Plexus solaire : Insuline. Lié au pancréas, la peau, le système digestif, les glandes adrénales.

4-Chakra du Cœur : Thymosine. Lié au thylus, au cœur.

5-Chakra de la Gorge : Thyroxine. Lié à la thyroïde, aux nerfs, yeux, au système musculaire, aux os et aux reins.

6-Chakra du Troisième œil : Mélatonine. Lié à l'épiphyse, aux oreilles, à la glande pituitaire.

7-Chakra de la Couronne : Mélatonine. Lié à l'hypothalamus, à la glande pituitaire, au cerveau, au système nerveux central.

Concernant les choix d'intervalles d'optimisation

J'ai des clients qui m'appellent le lendemain car ils ont senti toutes les 4 heures la nuit une chose qui les réveillait. Il est heureusement possible de désactiver la nuit l'optimisation.
D'une manière générale, je laisse toujours le logiciel décider automatiquement des paramètres. Je remarque souvent que plus le problème est dans les niveaux élevés, plus les intervalles sont importants.
Écoutez toujours les réactions des clients, et dites leur de vous appeler s'ils ont des ressentis qui les dérangent. Ajustez le programme dans ce cas.

Mes outils de rééquilibrage prioritaires pour remettre de l'ordre

- Établir de l'ordre. Planning, sur-stimulation, nutrition, respiration.
- Aurasoma (niveau information, essences, huiles aurasoma d'équilibrage) par exemple 11, 21.
- Essences Noreia, par ex. 9

  NB : Pour ajouter des éléments à une liste existante : cliquer sur «Ajouter depuis la base de données »
- Fleurs de Bach, sels de Schussler
- Aromathérapie, médecine orthomoléculaire, homéopathie, phytothérapie...

Vibrations, fréquences, matière

Folker Meissner

Une étude récente sur une cohorte de plus de 500 personnes montre que des fréquences très proches ont des effets très différents ; parfois une différence d'un Hertz fait des effets forts différents.
Deux ondes stationnaires en opposition vont créer une onde plus forte ; des ondes stationnaires sur une plaque avec du sable vont créer des schémas en deux dimensions, il faut imaginer ces formes en 3 dimensions et on retrouve des formes habituelles dans la nature, les cellules, les molécules...
On voit que les fréquences créant des formes harmonieuses et celles créant des formes chaotiques sont très proches...

Le triangle « Outil - Praticien - Client »

Que mesure-t-on ? Dans la médecine de l'information c'est assez intangible, il faut apprendre à comprendre qu'on ne mesure pas un paramètre en particulier mais un ensemble dans son équilibre à l'instant T.
Par le système d'interrogation du champ d'information, on a un moyen de contacter une personne, comme si on obtenait son adresse IP sur le réseau Internet. On peut se connecter et interroger l'information, et envoyer l'information.
Avec cet outil, vous avez différents niveaux de recherche : Niveau spirituel, karmique-systémique... microbien, physique... C'est un classement possible, mais il faut toujours regarder dans son ensemble ; on peut voir tout un ensemble de toxines et polluants, ou encore un ensemble corps / esprit /

âme / société ...
Le changement de paradigme fait passer des anciens concepts à des nouveaux concepts :

- Maladie → Santé
- Pathogenèse → Salutogenèse
- Réparation → Soin
- Sous-santé → Chance et joie

En tant que praticien, je dois appliquer une approche holistique ; il faut être conscient de son rôle, montrer de l'appréciation pour son patient.
« Il y a des milliers de maladies mais une seule bonne santé » Schopenhauer

Raisons → Causes → Symptômes

La plupart des gens viennent nous voir car ils ont des symptômes. Il faut remonter, l'énergie nous donne les causes, l'information nous donne les raisons. Sur les symptômes on peut travailler avec les fréquences, avec les causes les vibrations, et avec l'information...
On travaille sur la signature énergétique et informationnelle d'un événement / maladie / endroit / substance. On travaille au niveau de l'inconscient principalement, car l'information consciente ne représente qu'en gros 5% des informations disponibles. Ces 5% croient qu'ils contrôlent les 95% restants mais l'information montre que c'est faux.

Comprendre son patient

Les patients sont les sujets et non l'objet de leur parcours de guérison. Chacun est responsable de sa propre vie. En général la consultation arrive très longtemps après les événements qui ont mis en marche le processus, il faut donc remonter au moment de la dissociation puis au moment de la période d'enfouissement du confit...
Si on regarde un hologramme, deux entrée sont importantes : l'angle de la lumière, et l'angle d'observation. Votre patient est un hologramme, et autant la lumière apportée que l'angle d'information vous monteront des informations différentes et chacun aura raison...

Cerveau droit, cerveau gauche

C'est important de savoir si votre patient est plutôt du cerveau droit ou du cerveau gauche. J'apprends à mes patients à jongler par exemple, ce qui entraine la synchronisation des deux cerveaux.[11]

- Écoute : Le plus important et d'apprendre à écouter.
  « *Plus on est silencieux, plus on entend* » Ram Dass
- Empathie : apprendre à aimer, apprécier son patient.
- Intuition. Développer ses compétences inconscientes.
- Le temps : il faut savoir accorder du temps. En grec Chronos est le temps qui passe, et Cairos est le temps de qualité (j'ai passé du bon temps). Il faut penser à ces deux aspects.

Le praticien donne une heure de sa vie à son patient, mais le patient n'a en général pas l'impression de donner une heure de sa vie au praticien...

La salutogenèse

Développée depuis quinze ans, elle travaille la santé plutôt que la maladie.

- Vivre en pleine conscience. Se rendre compte que chaque jour, chaque instant il se passe des choses qui me motivent. (Réduction du Stress Basée sur la pleine Conscience)
- Pensées et actions : doivent être en accord
- Nutrition : faire attention à ce qu'on mange, réduire au maximum les poisons (inévitables) qu'on ingère
- Activité physique
- Équilibre vie privée / travail
- Faire ce qu'on aime et aimer ce qu'on fait

L'effet placebo

La médecine conventionnelle dit qu'il faut optimiser l'effet placebo. En réalité l'effet placebo est déjà optimal sinon on serait tous morts. Il faut au maximum faire en sorte qu'on ne travaille pas à l'encontre de l'effet placebo ! C'est à dire, donner des substances nocives.

---

[11] voir également https://www.youtube.com/watch?v=BZevSglezAE , vidéo d'une danseuse qui tourne vers la gauche ou vers la droite selon le cerveau qui « regarde »

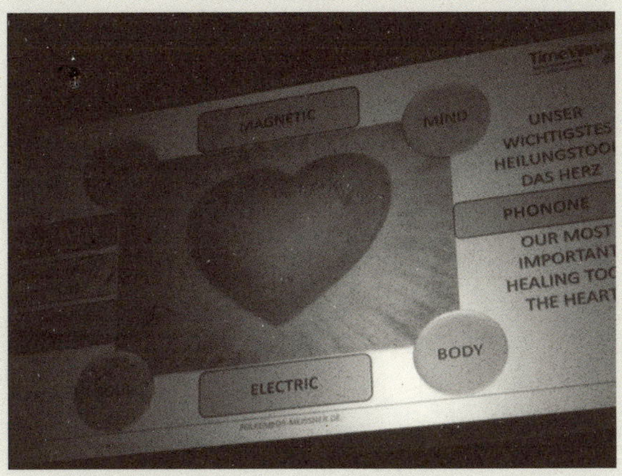

Le praticien du futur

Il sera un spécialiste, mais sera aussi comme un prêtre, à essayer de comprendre le patient sans le juger ; il sera aussi un guérisseur – non pas un gourou mais un modeste canal transmettant la lumière pour le patient.

Notre intention n'est pas de soigner le patient ; le patient doit avoir l'intention de se soigner, on ne peut rien faire pour lui. Notre intention est d'être disponible et ouvert pour l'aider. Le premier travail est de s'assurer que le patient veut parcourir son chemin de guérison.

Il faut créer une résonance et pour cela il faut une liaison, c'est la confiance et la conscience-présence (awareness).

Notre outil le plus important c'est le cœur. Une thérapie qui n'est pas placée depuis le cœur a peu de chances de réussir.

Quels sont les médias utilisés par le cœur ? Le cœur utilise

- des fréquences magnétiques - des centaines de fois plus puissantes que le cerveau,
- des phonons ; le cœur crée des centaines de phonons, des sons qui sont transmis par le sang (à 1500 mètres par secondes dans le sang, contre 320 mètres par seconde dans l'air),
- Et des fréquences électriques (ECG)

C'est pourquoi le soin ne pourra jamais être délégué à un appareil ; l'appareil aide à identifier et trouver les meilleurs moyens d'aider, mais ce n'est au final qu'un outil au service du praticien et du patient.

L'aspect psychologique des fréquences

Antoine Peppler

Après 34 ans de pratique, j'ai pu intégrer mes recherches concernant les thèmes de vie dans le système de recherche par le champ d'information. Je vais vous présenter brièvement les 25 plus importants qui ont été intégrés en premier ; j'ai prévu d'en intégrer 10 de plus chaque année.

1. **Manquer d'amour de ses parents**
   cela arrive de plus en plus de nos jours, avec une vie trop remplie.

2. **Ai-je le droit d'être qui je suis ?**
   Le problème est d'arriver à matérialiser. Ai-je le droit d'être celui que je suis ? Cela demande beaucoup de force.

3. **Détoxification**
   Un poison est quelque chose qui semble plus fort que moi. Par exemple il y a 300 ans tout le monde avait peur de l'arsenic. L'arsenic représente la peur de vivre (cf. point 2) ; autre exemple, le plomb représente le mensonge social, ne pas montrer son vrai visage pour plaire aux autres.
   Dans tous les cas, il s'agit de choses qui semblent plus fortes que moi. Pourquoi le plomb semble-il plus fort que moi ?

4. **Thyroïde**
   L'organe de la motivation de vie – ou du manque, en cas de problème. Le remède principal est l'iode. Signification psychologique de l'iode : ne pas se sentir aimé. En hypothyroïdie, en réalité je recherche l'amour. J'ai le souffle court, car je manque d'amour. Apprendre à

s'aimer soi-même ! En allant plus loin, Hasimoto est une maladie auto-immune, une auto-agression, je préfère me détruire car j'ai besoin d'amour.

5. **Difficulté pour trouver un partenaire**
   Faux sens d'appartenance. Par exemple, je trouve que mes parents ne vont pas bien ensemble. Souvent la mère a un lien privilégié avec ses fils et le père avec ses filles ; ce qui fait que le mari de la fille, ou la femme du fils, ne gagnera jamais son cœur...

6. **Enurésie**
   Il faut traiter les origines émotionnelles chez les autres membres de la famille.

7. **Mal de dos**
   Manque de sincérité envers soi-même. Chaque vertèbre a une signification, en partie supérieure c'est la peur des attentes, au milieu c'est la peur des réalisations et relations, en bas (lombaires) c'est la joie de vivre et le contrôle, souvent lié à la famille.

8. **Migraines et maux de crâne**
   Repousser ses sensations. J'essaie de régler avec ma tête ce que je ne peux régler avec mes émotions. Si une autorité familiale est acceptée puis transférée sur un patron, on n'accepte plus sa propre autorité, et on obtient des maux de crâne sur la partie frontale (personnes bornées). Les maux sur l'arrière du crâne sont liés à des mémoires : on attend les prochaines opportunités pour réagir (gens qui sont rationnels mais n'osent pas exprimer leurs émotions).

9. **Intestin - Intégration problématique de la vie**
   L'intolérance au lactose est liée à la mère. Celle au gluten, au père.

10. **Attitude à l'argent, vœu de pauvreté**
    Nous avons tous été moines – et qui a pris l'argent ? L'église. Cela créé des traumatismes très répandus.

11. **L'école**
    Manque de sens. L'école a été créé par les militaires pour inculquer la discipline.

12. **Réfugiés**
Au sens large : fuite de la famille, recherche d'autonomie.

13. **Problèmes générationnels**
Concerne des problèmes récurrents dans la famille. Par exemple, le premier enfant est la partie inconsciente de la mère, mais va essayer d'agir consciemment comme le père... C'est pourquoi en général les enfants s'entendent bien mieux avec les grand-parents chez qui ils retrouvent des fréquences plus cohérentes !

14. **Séparation, conséquence de séparation**
Un combat perdu. Mais en réalité ce n'est pas un combat ! Il faut travailler le détachement, le relâchement.

15. **Le deuil**
Nous y sommes tous confrontés, mais nous avons chacun une manière différente de réagir face à lui.

16. **Abus**
Souvent sur le plan sexuel, les femmes ont envie de sexe mais ne l'expriment pas, cette émission attire des gens qui ne leur sont pas appropriés. C'est un besoin profond d'amour qui n'est pas satisfait. Il faut savoir le replacer à un niveau qui ne fait pas mal.

17. **Confits**
Manque de courage pour faire face au problème.

18. **Victime**
Il faut prendre le contrôle de sa vie.

19. **Naissance**
La première étape vers l'autonomie.

20. **Puberté**
Se détacher de la détermination familiale.

21. **La vieillesse**
L'individualisation tardive. Reconnaitre son plan de vie. Trouver pourquoi on est né. Beaucoup de similarités avec l'adolescence.

22. **Manque de reconnaissance**
La seule qui compte est la reconnaissance de soi-même. Ce n'est pas l'avis des autres qui compte !

23. **Burnout**
    l'obligation d'un chemin qui n'est pas fait pour vous – imposé par les parents par exemple. En général, après, on change entièrement de vie. Seule solution trouvée pour changer...

24. **Détachement des parents, solitude.**
    S'accepter tel qu'on est.

25. **Se sentir étranger**
    On est tous un peu bizarre et différent des autres.

Implémentation dans l'appareil

Ces points sont implémentés dans le module Homéologie.

Détox globale des dommages vaccinaux

Le point positif des vaccinations est que cela nous force à évoluer et à se développer ; le point négatif est que nous ne pouvons pas sortir de cette boucle de contrôle.

On injecte une maladie d'animal dans notre organisme et on ne lui demande pas si cela sera positif ou négatif pour lui.

C'est comme si on nous insérait un virus informatique avec un effet choisi.

Chaque vaccin est lié à un thème particulier. Par exemple, pour la variole : la violence. Le vaccin contre la variole est le conteneur principal qui permet ensuite de recevoir les messages des autres vaccins. La forme aigüe de la variole est la diphtérie. La variole vient des vaches et le vaccin a pour but de nous rendre dociles comme des bovins. En effet, on sait aujourd'hui que les bactéries et virus modifient le comportement.

Le permis de conduire du praticien du champ d'information

Dr Folker Meissner

J'ai réalisé plus de 30.000 scans avec TimeWaver depuis 6 ans, je l'utilise chaque jour dans mon cabinet.

Des utilisateurs qui ne comprennent pas bien le système n'en tireront que peu de bénéfices, il faut vraiment s'investir dedans et le comprendre. Cela demande du temps. Peu de gens comprennent par exemple pourquoi la médecine officielle ne reconnaît pas encore les principes du champ d'information. Il faut pourtant comprendre comment ça marche et pouvoir répondre à cette question.

Attention :

- Il n'y a **pas d'effet sans effet secondaire**. C'est pareil dans la médecine énergétique. On peut avoir une surdose.
- Un appareil est aussi bon que son utilisateur l'est.
- L'expert est assis en face de l'appareil, pas à l'intérieur.
- « *Celui qui ne possède qu'un marteau, voit des clous partout* ». Mark Twain

  Le thérapeute est là pour le patient, et non l'inverse. Parfois un patient en sait plus sur son cas que le praticien, il ne faut pas que ce soit une atteinte à son ego, mais accueillir ces informations avec le cœur. Il faut utiliser son intuition mais celle-ci se base sur la connaissance, il faut la développer.

La relation triangulaire Patient – Praticien – Outil est importante, chacun est actif dans ce triangle. Il faut savoir redonner son pouvoir au patient afin qu'il devienne le sujet de son chemin de guérison, et non l'objet.

Une base générale de formations devrait comprendre :

- Les bases du travail dans le champ d'informations
- La communication, des bases psychologiques, les nocebos (effets négatifs de l'information, le contraire des placebos), et l'éthique.
  Les nocebos sont importants, des signes légers comme une simple couleur peuvent créer des effets négatifs profonds dans l'inconscient.
- Quelques modules de base des outils : les raccourcis, les ensembles, les objectifs.

Le but est que les utilisateurs deviennent des experts, afin de renforcer les effets chez les patients. Un schéma pourrait être :

Formation Avancée :

- Le travail pratique avec le patient
- La projection et l'intention, la transmission
- Les modules avancés
- Les objectifs inversés, les analyses multidimensionnelles...

Formation Expert niveau 1 :

- Les questions spéciales : détox, géopathie
- Les domaines spéciaux (maladies auto-immunes...)
- La gestion de groupes
- Des exercices pratiques sur l'intervention et le contrôle

Formation Expert niveau 2 :

- Les patients avec maladies multiples
- Les enfants
- Les patients avec symptômes prononcés
  pour le diplôme :
- 20 cas documentés
- Un examen écrit : questions théoriques et d'utilisation pratique, un exemple de plan pratique de thérapie, éthique
- Un examen oral : choix de modules selon cas et explication, utilisation des ensembles...

Peut-on contrôler le succès ? 8 ans de traitements

Christiane Brand

Je trouve dommage d'avoir cet appareil et de ne pas l'utiliser pour votre propre succès. La vibration du succès est la même vibration que la santé (*wealth - health*). Je vais vous montrer comment utiliser les appareils du champ d'information pour le succès de vos affaires.

Je travaille avec TimeWaver depuis 8 ans. J'aime cet appareil, et je vois que beaucoup de collègues l'aiment également. On travaille à 100% avec l'appareil. Je fais aussi du coaching, sur le succès personnel, les affaires de manière générale, augmenter les revenus, résoudre des problèmes et des crises, aider à la mise en place de nouveaux projets...

C'est les outils que j'aime utiliser, pour aider des praticiens à avoir suffisamment de clients, à obtenir les objectifs. L'appareil permet aussi de gagner du temps, de trouver les potentiels cachés dans l'entreprise, et de changer ces champs d'information.

Toutes les informations concernant les entreprises et leur écosystème est dans le champ d'information, qui ressemble à un cloud.
Si mes clients ne comprennent pas les principes de la physique quantique, je ne leur explique pas en profondeur, je les renvoie vers des livres de référence.

Je débute une analyse avec tous les éléments disponibles, logo, photo du directeur, bâtiment... tout ce que je peux trouver.
En général la première séance est gratuite et montre 90% d'éléments justes et le client commence en confiance sur une première mission de 6 mois.

Je commence le travail avec les blocages, et la résolution de ceux-ci. Ensuite j'aide à définir les objectifs. L'entrepreneur, l'entreprise, le bâtiment. On commence par le centre : les thèmes personnels, les thèmes de l'entourage et de l'écosystème proche, les thèmes du marché.

On ne débute pas par « Je veux plus de profits », il s'agit d'un travail en profondeur.
C'est étonnant de voir combien d'entreprises n'ont pas une vision claire de leurs objectifs et de leur structure.

Je commence par une analyse des potentiels. C'est comme une analyse des chakras appliquée à l'entreprise. Ensuite je continue sur les causes, sur l'entrepreneur, l'entreprise, et le bâtiment.
Je passe ensuite à l'analyse de l'énergie de l'argent dans l'entreprise. J'ai construit un modèle basé sur le système des chakras, appliqué à ce modèle.

- Le 1er est lié aux **peurs et à la famille**.
- Le 2e est lié aux **interdits**.
- Le 3e à la **conscience** et l'**estime de soi**.
- Le 4e, au **ressentiment** et à **l'énervement**.
- Le 5e, aux **jalousies** et aux **regrets**
- Le 6e, aux **émotions négatives** ;
- Le 7e, au **manque de cohérence**.

Je travaille ensuite sur l'activation du flux monétaire. En travaillant sur les blocages, on s'autorise à recevoir l'argent.
J'analyse ensuite tous les aspects avec le module de points d'énergie : SWOT (forces, faiblesses, chances, risques), finances, support, organisation, cohérence...

J'utilise le module de constellations systémiques en construisant un modèle avec les employés, les clients, le succès, les finances, la société... le module GenoWave permet aussi de trouver les relations inconscientes.
Avec la constellation systémique dans le champ d'information, je commence avec la société et j'élargis. Il faut l'utiliser de nombreuses fois, mois après mois. Si par exemple un client doit lancer 3 projets, on peut tester lequel résonne le mieux.

J'ai un modèle pour la vente d'un produit, avec les points d'analyse, pour trouver l'ensemble des paramètres autour de ce produit. Bien sûr je peux lancer une analyse détaillée sur chaque point dans la base de données, et trouver des résultats sur chacun. Je peux donner des listes d'actions aux entrepreneurs, afin d'agir et d'ajuster les choses en réunion ensuite. Ils ne disent pas en général que c'est le champ d'information mais ils agissent avec confiance en conséquence, sur les plans D/C/LM.

Pour mémoire le TimeWaver donne Intensité, Pertinence et Potentiel ; le potentiel est à comprendre comme une dilution homéopathique, ainsi :

D : *Problèmes matériels.*
C : *Problèmes de pensée. Concentration, stress, anxiété...*
LM : *Problèmes dans l'âme. Confiance, intuition, but dans la vie...*

1-60, I-LX : *Action mauvaise*
100-400, C-CL : *Pensée mauvaise*
1000-2000 : *Mauvais style de vie*
10 000-100 000 : *Thème de vie*
1E6-1E36 : *Des problèmes qui peuvent venir jusqu'à la 6e génération.*

Dans le module d'analyse de la ligne temporelle dans le champ d'information, je commence à la création de la société et je trouve les points de blocage dans son existence. On peut aussi l'utiliser pour le futur et prévoir les zones de blocage.

Je peux définir des listes d'objectifs, de manière positive et atteignables, avec des pertinences proches de 100% et des potentiels élevés. Je les réexamine toutes les 4 semaines.

Pour le bâtiment, je travaille sur un plan du bâtiment et je travaille avec les points d'énergie pour trouver les faiblesses. Cela peut se faire avec une vue de Google Maps pour tout l'environnement.

Plus l'entreprise est grosse plus c'est long, mais en général après 2 ou 3 sessions (2 ou 3 mois) on commence à avoir du retour positif.

J'ai une histoire : un entrepreneur vient me voir car il a une foire 4 semaines après. On travaille et je lui donne des éléments, et sa foire est la pire qu'il a jamais vécu, les gens passent sans le voir. Je lui dis que le processus est en cours ; 4 semaines après il me contacte et me dit qu'il ne comprend pas, à tous les rendez-vous qu'il a, il vend beaucoup, il n'a jamais vu ça. Il faut faire attention au temps de mise en place et aux ajustements qui se produisent.

Le logiciel d'analyse en temps réel dans le champ d'informations permet une analyse qui varie en temps réel et de voir ainsi chaque matin l'évolution de chaque paramètre. C'est comme les instruments dans la cabine de pilotage.

Les bénéfices ? Prendre des décisions rapidement et avec confiance. Une meilleure gestion des risques, une identification des faiblesses et des potentiels, des outils pour atteindre plus rapidement les objectifs. Une meilleure gestion des pressions diverses.

Ce n'est pas un outil magique, la vie de la société est toujours mouvementée, mais cela permet de prendre tous les événements avec plus de légèreté et de confiance.

Je travaille sur les départements, pas sur les employés, mais je dois avoir leur approbation. Je ne travaille que dans le positif et jamais en opposition.

Tous les travaux ont des résultats, mais parfois les résultats sont différents de ceux attendus. Les gens et les départements sont mieux dans leurs potentiels et leurs forces. Parfois des choses sont abandonnés, car elles ne sont plus dans le plan général de l'entreprise.

Peut-on contrôler le succès ? La croyance en une force supérieure / un champ d'énergie et une aide ; accepter la situation comme elle est. Comprendre que le changement passe par nous. L'appareil est un miroir, nous ne faisons que le tenir et l'orienter pour leur montrer des solutions. La volonté de s'orienter de manière durable vers ses objectifs. On peut programmer son inconscient sur les objectifs que l'on veut se fixer. La patience et l'humilité, chaque chose arrive en temps voulu ; le succès peut mettre du temps à arriver. Accepter la pleine responsabilité et avoir l'endurance. Mieux on respecte tous ces critères, plus on arrive à contrôler son succès.

On ne peut réussir que ce qui est atteignable ; seul l'impossible est impossible.

Créer l'harmonie dans la vie : quelques cas en Inde

Dr Neeta Shah

Tous les aspects de notre vie sont interconnectés et agissent comme en effet domino les uns sur les autres. Avec les appareils de champ d'information, on peut équilibrer ces différents aspects de la vie.
On va rechercher les aspects physiques, psychologiques, familiaux, financiers etc. afin de faire un travail en profondeur.

Je commence toujours par l'aspect énergétique, avec Cohérence Organe et le module Aura. Le module Aura nous donne beaucoup d'informations sur le niveau énergétique et le niveau de conscience.

Je réalise ensuite une thérapie individualisée avec les outils disponibles, selon les informations qui ont été mises en avant.

En général, le patient a du mal a comprendre au début les interconnexions entre les symptômes physiques et les nombreux aspects de notre vie.

Cas 1 : Thalassemia Major (maladie génétique)

Dans ce cas, les taux d'hémoglobine sont toujours bas. La patiente a besoin de transfusion sanguine hebdomadaire. La patiente est venue me voir à 22 ans. Son système immunitaire était en détresse. Allergies, problèmes de sinus, problèmes émotionnels, de communication avec ses parents.

Protocole : 6 mois avec tous les appareils. Nous avons pu résoudre toutes ses plaintes symptomatiques. Ses relations familiales se sont améliorées. Les transfusions sanguines ont eu de meilleurs résultats et ont été plus espacées (toutes les 2 semaines). Elle n'a plus d'allergies et ne tombe plus malade.

Cas 2 : Diabète

Le diabète a beaucoup de causes. Peut-on le soigner par la médecine officielle ? Non, mais l'approche complémentaire le peut.

Ce patient a été diagnostiqué soudainement avec du diabète, taux de sucre autour de 380 . Après 3 mois, ses taux sont retombés de 80 à 120 ; ils sont maintenus depuis 3 ans avec une vie normale

Cas 3 : Arthrite

Ce patient ne dormait plus depuis 3 mois. Il avait des soucis financiers, ce qui désorganisait tous ses systèmes énergétiques. On a fait des séances sur place et à distance, et résolu ces problèmes.

Cas 4 : Problèmes cardiaques.

Les médecins voulaient faire un bypass. En deux semaines avec les micro-courants, la moitié de ses problèmes ont été résolus. Je l'ai surveillé chaque mois avec Cardio (mon outil favori pour vérifier l'équilibre interne) pendant 6 mois, et une séance de micro-courants toutes les 2 semaines. Aujourd'hui, elle a une vie normale et n'a pas subi d'opération.

Cas 5 : Dégénération maculaire

Comme d'habitude, j'ai vérifié les paramètres dans l'ordre. Les paramètres physiques mesurés traditionnellement étaient très mauvais. En deux mois les tests physiques ont beaucoup évolué au point de revenir dans la normale.

Cas 6 : Séance à distance

Je ne pratique pas habituellement de séance à distance sauf pour les patients habituels qui sont en déplacement. Une patiente m'a appelé avec des symptômes sévères, diarrhées, douleurs, pertes de sang, faiblesse. Résultat : en 4 heures ses diarrhées ont été stoppées et elle est revenue dans un état normal.

Cet appareil fait maintenant partie de tous les aspects de notre vie !

L'inflammation silencieuse, cause des maladies chroniques et burn-out

Dr Bernhard Weber

Nous avons 70 trillions d'habitants dans notre corps. Nous allons nous concentrer sur Epstein Barr et Cytomégalovirus. Nous avons fait beaucoup d'études par le champ d'informations, tout d'abord sur la partie diagnostic puis sur la ré-information.

La médecine traditionnelle, en réalité, ne fonctionne pas sur une base scientifique, basée sur des études répondant réellement aux critères scientifiques.
Nous nous sommes spécialisés dans la seconde opinion pour les patients, afin de vérifier par d'autres moyens les diagnostics donnés par l'approche officielle.
Des médecins traditionnels, dans le cas de maladies cardio-vasculaires, regardent 10 à 20 paramètres ; avec le champ d'information, on vérifie en général 200 à 400 paramètres ce qui serait impossible économiquement.

En 2012, nous avons fait une étude sur l'artériosclérose ; on montre qu'on peut la guérir. **Il est faux de croire qu'on doit accepter, avant 85 ans, la moindre dégradation physique.** Pour cette étude, nous avons créé un ensemble assez court avec des solutions possibles que je testais systématiquement pour ces patients. En général, les patients ne venaient pas spécifiquement pour ce problème, mais il en faisait partie.
En 2015 nous avons fait une étude sur le stress psychologique. Nous avons

trouvé des connexions avec les reins et d'autres organes – celles ci sont connues en MTC.

Ma femme a réalisé plus de 80 cas documentés sur les animaux.
Sur les microcéphalies comme au brésil, on utilise la CIM-10 pour mesurer les améliorations, et Cohérence Organes dans le système nerveux central. Nous faisons une étude sur 70 enfants traités avec le champ d'information (il y a 5900 cas). Nous avons essayé des traitements à longue distance sur des enfants directement au brésil. Sur tous les enfants traités, tous sauf un ont vu des améliorations sur les valeurs CIM-10. Nous n'aurons des résultats définitifs que d'ici 3 à 5 ans.
La plupart des cas suivants sont classés dans les inflammations silencieuses. Nous avons dû réduire les paramètres pour les besoins de l'étude. Sur 48 patients documentés, nous avons travaillé avec le champ d'information et les micro-courants. Il est utile de mesurer le niveau des Lymphocytes T inactifs, l'activité du thymus pouvant décroitre avec l'âge. Une patiente avait jusque 60% d'inactifs. Pour les parasites, Borellia, Coli, Chlamydia, CMV, EBV, Helicobacter, Herpes, Papillomavirus, etc. On trouve dans les nosodes ses solutions, par exemple, ou la micro-immunothérapie.
Pour le Burn-out, les causes sont très variées, du système nerveux aux parasites, géobiologie, anémie, substances vitales... souvent le sommeil ne suffit pas. Encore une fois, nous nous sommes concentrés sur quelques paramètres. Nous avons donné des nosodes pour EBV et CMV aux 48 patients, par le champ d'information ou physiquement, selon les croyances des patients, du colostrum, de la phytothérapie (ciste), sulfur. Il faut surveiller les enzymes du foie. Gentiane, artémisia dans ces cas par exemple. Il faut vraiment traiter les reins. Tester les métaux lourds : mercure, cadmium, plomb.
On utilise des remèdes comme Okoubaka, Nux Vomica. La flore intestinale est souvent en cause dans les cas de maladie chronique.
Au final sur ces 48 patients, on a trouvé 55% d'EMV, 35% de CMV, 15% de toxoplasmose, 40% d'Herpes Zoster/Varicelle.

Après 3-6 mois de thérapie avec le champ d'information (en utilisant 200-400 paramètres), 70-80% des patients avaient une amélioration notable ou totale. Il peut être nécessaire de faire un traitement sur 12 mois, et il est bon de connaître et d'informer les patients sur les taux de réussite et la durée prévisible du traitement.

Accueillir une nouvelle vie

HP Petra Sason

Je suis toujours fascinée de la manière dont notre corps travaille et du miracle de la vie. Un film montre la construction du corps, depuis la rencontre de l'ovule et du spermatozoïde jusqu'à la construction complète du bébé.

L'alcool et la nicotine ont des effets néfastes sur la construction de l'embryon, la sérotonine nécessaire est affaiblie par la nicotine. Cela influence les gènes plus que ce qu'on peut imaginer. Les bébés dans le ventre sont dans un état proche de l'auto-hypnose, ils enregistrent déjà tout et il est prouvé que des événements mentaux et psychologiques forment le cerveau dès le stade du fœtus. Les études montrent que les premières mémoires laissent de profondes traces ne pouvant pas être aisément soignées.

Le cerveau et le système immunitaire utilisent des types de messages similaires. Tout ce que la mère ressent, on a prouvé que l'enfant le ressent aussi directement – pendant la grossesse, mais aussi juste après. Toutes les émotions sont stockées.
C'est important de comprendre ce lien entre la mère et l'enfant. Si on travaille sur la mère, on soigne souvent l'enfant. Il y a une relation systémique entre les deux.
Le stress est un outil de survie du point de vue de l'évolution pour sortir très vite de l'inactivité. Il y a une cascade de réactions biochimiques dans le corps, qui change les hormones, la circulation dans l'utérus, et impacte le système du bébé en entier.
J'ai souvent constaté que derrière ce stress, on trouvait des schémas préexistants de pensée. Des schémas de pensée peuvent créer des

processus de guérison comme de dérégulation.
Puis-je changer ces schémas, me reprogrammer ? Pour les enfants vous comprenez l'importance d'intégrer la mère dans le processus. Les enfants qui pleurent sont en relation directe avec les peurs de la mère.
Il est très important de créer le meilleur climat possible, dès avant la conception. J'aime préparer les couples à cet événement incroyable.

Avec les micro-courants, on obtient des résultats très bons avant la grossesse sur ces points. Pensez toujours à donner un verre d'eau alcaline afin d'aider le corps à mieux recevoir les fréquences.
Offrez un appareil d'application des micro-courants à la maison[12] à un jeune couple, c'est le meilleur cadeau de mariage !
Je cible toujours ma thérapie sur la mère. L'enfant détoxifie la mère, il faut que la mère soit en bonne santé pour ne pas polluer l'enfant.

Pour la première anamnèse, je fais un bilan des paramètres physiques mais aussi des interactions mère-enfant, l'historique des traitements, comment s'est passé la naissance, allaitement ou pas etc. J'ai ensuite créé un ensemble pour l'analyse initiale avec l'appareil. Je fais ensuite une analyse rapide avec le module idoine pour avoir une idée générale d'où creuser.
Évidemment, on ne commence pas de traitement lourd pendant la grossesse. En cas d'infection pensez surtout à l'élimination, soutenez le foie, les reins avec les micro-courants. En cas d'allergie, surtout ne déclenchez pas le système immunitaire, essayez simplement d'équilibrer les choses. Utilisez des programmes à spectre large.
En Allemagne, je suis autorisée à accompagner la femme enceinte mais pas en tant qu'homéopathe ou naturopathe, la ligne est mince. Après la naissance, on peut utiliser les appareils avec les enfants.

Dans le cas de naissances d'enfants handicapés, en général les parents sont stressés et il faut accompagner les parents et les enfants aussi.

En cas de mort-né, il faut identifier le choc chez la mère ou le père. J'ai des bons résultats avec les micro-courants, il faut recréer du bien-être et j'ai créé des ensembles pour cela.

---

[12] Comme le Healy (voir www.healy.gold) par exemple.

Concernant les parents qui n'arrivent pas à avoir des enfants, je fais des nettoyages énergétiques, des constellations systémiques pour identifier des blocages, des morts dans la famille, les ancêtres.

Pour les vaccins, nous avons des informations contradictoires. Cela peut aussi aider à l'évolution intérieure. La vraie question est : à quel âge et comment vacciner ? Indépendamment des problèmes posés par les conservateurs, le fait d'injecter plusieurs vaccins à la fois peut être problématique pour le système immunitaire.

Intolérances et transfusion

Cas de Vita Louise V. Un spécialiste a découvert qu'elle n'avait pas de reins et des malformations pendant la grossesse, qu'elle devrait avorter, ce qui a créé un choc profond chez la mère. La mère est venue me voir, nous avons discuté. La mère a décidé de garder le bébé. A 3 mois de grossesse, elle a eu un nouvel examen ultrasons et 70% des problèmes trouvés par le premier praticien n'étaient plus là. En réalité, la naissance s'est passée normalement et le bébé s'est révélé normal, avec un problème de cœur uniquement. Après 3 jours d'allaitement elle a dû subir une petite opération dans le palais, en plus du cœur, avec transfusion.

Son champ d'information montrait une intolérance au café et à la bière, et aux contraceptifs. Aucun de ce produits n'était pris par la mère. Comment ces informations ont elle pu être dans l'enfant ? Je pense que cela venait de la transfusion. Aujourd'hui l'enfant est en bonne santé.

Allergies

Un autre problème récurrent concerne les allergies. J'ai souvent des parents avec des enfants qui ne se calment pas, crient toute la nuit, personne ne trouve de solution. Il s'agit souvent d'allergies. Je vous propose un scénario : si une femme enceinte est stressée et mange, le corps mémorise le stress et la nourriture en même temps, et cette combinaison cause des allergies inexplicables. Le champ d'information permet d'identifier ce type de problèmes.

L'amour est la plus belle forme d'énergie, c'est le premier langage qu'un enfant comprend. C'est le message le plus important : il fut donner de l'amour à l'enfant et l'accueillir dans l'amour.

Détoxification des métaux lourds

Carolyn McMakin

Aujourd'hui, on va parler des traitements au-delà de ce qui est évident.

Les fréquences qu'on a retrouvé avec les FSM[13] sont très spécifiques ; une certaine travaille sur l'inflammation ; elle réduit la douleur mais n'améliore pas la mobilité. Une autre dissout les cicatrices et améliore la mobilité, mais ne fait rien sur la douleur. Une arrête les hémorragies, une travaille sur les fonctions et la douleur mais ne fait pas de détox. Une ne travaille que sur la douleur créée par les calculs dans les reins, sans travailler sur les calculs eux-mêmes.
On augmente de 500% l'ATP, de 70% la synthèse des protéines, et le transport des acides aminés de 40% si on travaille entre 10 et 500 micro-ampères ; si on augmente l'ampérage, cela décroit.
Conséquence : si on travaille par exemple sur les douleurs myofasciales, il faut commencer par les nerfs avant de traiter les muscles. Au début je ne travaillais que sur les muscles, mais une étude complète m'a montré que ces douleurs venaient de plus loin. Le travail sur les fréquences et la réponse du corps permet d'aller au delà de la source qu'on croit être l'origine, par exemple des douleurs dans les épaules viennent souvent du cou et ce n'est pas évident à trouver sans cet outil.
Nous avons trouvé une paire de fréquences, 13/77 qui dissout les cicatrices ; très efficace sur les douleurs chroniques, mais ne surtout pas utiliser sur

[13] Les FSM utilisent un couple de fréquences pour cibler à la fois un organe et un problème. Concernant les micro-courants spécifiques en fréquences, lire « l'effet résonance » de C. McMakin, même éditeur

ces blessures de moins de 6 semaines sinon cela va annuler des semaines de travail du corps sur la cicatrisation !

Que faire quand cela ne marche pas ?

Cas : une patiente avait eu une épisiotomie et des douleurs terribles depuis 18 mois qui empêchaient toute relation sexuelle. Pourtant à l'examen il n'y avait pas de cicatrice ! En cherchant encore, les muscles étaient très douloureux au toucher. Pourtant aucun traitement direct sur ces éléments n'eut de résultats.

En parlant, j'ai trouvé qu'il s'agissait d'un choc psychologique : c'était son 2e enfant, le premier était prématuré et le second est arrivé très vite, le message envoyé était que son utérus n'avait pas eu le temps de se réparer. Son cérebellum contrôle le tempérament des muscles. Que voulait-il protéger, en contractant les muscles du plancher pelvien ? J'ai utilisé une fréquence de trauma émotionnel, aucun résultat. Par contre en utilisant 20 minutes de combinaison de fréquence 294/34 pour enlever le traumatisme (294) de l'utérus (34), la douleur a totalement disparu et définitivement.

Le trauma est un schéma stocké dans le tissu. Le corps y répond. Si on enlève le schéma, le tissu change, c'est la résonance biologique.

Les molécules et nutriments sont des clés, les fréquences sont des clés à télécommande, émettant le même signal pour ouvrir la même porte.

Détoxification

Que se passe-t-il quand on détoxifie ? Qu'est ce que cela signifie réellement ? On nagerait dans une mer de toxines ?

En réalité, les molécules organiques entrent dans le corps et s'imbriquent dans les membranes cellulaires, en changeant la signalisation.

Quand on fait une détox, on aide la membrane cellulaire à excréter la molécule qui modifie la signalisation, mais la signalisation est toujours perturbée par son empreinte sur les récepteurs de la membrane.

59 ; 900 ; et 920 sont 3 fréquences qui permettent d'éliminer la toxicité mais en 20 ans je n'ai pas eu d'effet d'empoisonnement, donc on doit changer le schéma ou l'effet de la toxicité et non libérer les toxines dans l'organisme.

Ne surtout jamais travailler directement sur les fréquences de métaux lourds, cela peut vraiment rendre malade des patients (cela m'est arrivé). Nous n'avons pas intégré ces fréquences dans l'appareil, c'est dangereux.

Que ne peut on pas faire ?

On ne peut pas tout guérir ; ce n'est pas de la magie, c'est de la biophysique. On ne peut pas traiter ce qu'on n'imagine pas. Il faut vraiment chercher ! Le système va traiter ce qu'on choisit de traiter. Si on veut travailler sur le plan émotionnel et que le patient ne répond pas au plan émotionnel, cela ne marchera pas. Si on veut travailler sur les muscles et que le problème n'est pas au niveau des muscles, cela ne marchera pas.

La réponse des fréquences vous donne des indications.

Le Cervelet va inhiber tout muscle qui risquerait une traction sur un nerf qui adhère aux fascias. Donc si un muscle est bloqué pour cette raison, on n'aura aucun résultat si on travaille sur le muscle. Il faut alors travailler sur le tissu de cicatrisation entre le nerf et le fascia...

La bonne nouvelle est que la réponse des fréquences va vous montrer le chemin. Comment aurait-on trouvé cette adhésion de nerf sans la réponse des fréquences ? En 20 minutes, on a effacé un schéma bloquant car on a trouvé la bonne clé, celle d'un traumatisme stocké dans l'utérus. Cela aurait été quasiment impossible sans cela !

Testez le changement de la réponse autonome : traitement pendant une minute, 2 minutes de pause, puis traitement pendant une minute. Regardez si la réponse a bien évolué.

Pour atteindre des effets durables, il faut changer l'état stable

Exemple de l'eau :

- avant 0°C, elle est stable en glace
- de 0°C à 100°C, elle est stable en eau
- après 100°C, elle est stable en vapeur

Tout ceci, sous réserve que l'environnement n'apporte pas d'influence contraire.

Les fréquences créent des changements immédiats dans les tissus. Ces changements deviennent permanents sur le métabolisme ; l'attitude et la mécanique soutiennent le changement d'état.

Les fréquences changent les gènes

Le corps est un système biologique quantique. Toutes les liaisons ont des fréquences de résonance (cf. conférence de C. McMakin en partie 3). L'épigénétique montre également que l'ADN n'est pas une fatalité mais que le système est bien plus dynamique.

Troisième partie

Les outils du champ d'information

Lire et écrire dans le champ d'information

Médéric Degoy

Au cours de la seconde partie, vous avez commencé à apercevoir des notes un peu plus techniques et des encarts qui concernaient plutôt un savoir-faire particulier avec des outils. Il est temps que je vous explique mieux ce en quoi ils consistent. Cette troisième partie est donc consacrée aux concepts et appareils développés par Marcus Schmieke et sa société, TimeWaver, en Allemagne.

L'interface matérielle

Le premier outil développé par Marcus, afin de mettre en application les principes physiques, philosophiques et spirituels dont il avait fait une synthèse particulière, est le « TimeWaver » éponyme.
En réalité, il a aujourd'hui créé plusieurs appareils contenant des outils différents : le TimeWaver, le TimeWaver Frequency, et le Healy.
Le premier de ces appareils comprend un laser à effet quantique, deux générateurs électromagnétiques avec miroirs de Koryzev, et un générateur de micro-courants. Le second contient deux générateurs de micro-courants de précision, et deux générateurs de bruits avec miroirs de Koryzev. Le dernier, un petit générateur de micro-courants et un générateur EM.

Avant de laisser à nouveau la parole aux conférenciers, laissez moi vous expliquer en quelques mots les outils qu'il a intégré, dans le but de vous faire toucher de quelle manière les orateurs travaillent et arrivent à leurs résultats.

Laser à effet quantique

L'appareil intègre un laser à effet quantique de haute précision (comptage individuel de 4 millions de photons par seconde) spécifique pour l'accès au champ quantique d'information. Il a été prouvé depuis plus de 100 ans que la conscience de l'observateur pouvait modifier le comportement d'un photon. Ici, l'application pratique est un miroir qui peut, sans intervention d'observateur, laisser passer ou faire rebondir le photon, à part égale (50% de chances dans l'un et l'autre cas) ; mais, l'effet d'observateur aidant, cette part peut fluctuer dans l'un ou l'autre sens selon l'intention de l'observateur.

Pour la première fois, un appareil au comportement réellement quantique est donc maintenant accessible systématiquement : un pont est créé dans le champ d'information entre le client, le praticien et l'appareil, via ce laser à effet quantique. Il n'agira donc plus seulement localement une fois le pont établi (non-localité). Il permet d'agir et de rechercher au niveau de la conscience (conscient/inconscient), dans le champ d'information aux niveaux les plus élevés ; c'est le photon qui fait la meilleure interface.

Miroirs de Koryzev

Deux générateurs électromagnétiques avec miroir de Koryzev permettent d'enregistrer ou d'informer des supports (eau, gélules...), pour la duplication de produits sur le plan énergétique, et pour l'analyse du point de vue énergétique. Ces générateurs de bruit EM agissent principalement localement ; les miroirs permettent d'atteindre des harmoniques supérieures. Ils permettent d'agir et de rechercher aux niveaux proches du corps énergétique, en interagissant avec les spectres électro-magnétiques émis et reçus par toute structure électro-chimique et leurs harmoniques et résonances.

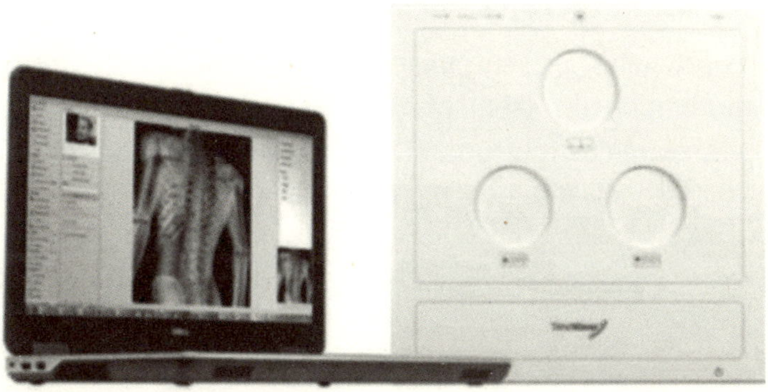

Générateurs de micro-courant électriques

Des générateurs de micro-courants (précis au micro-ampère) de haute précision permettent l'application directe au niveau de l'électricité cellulaire. Ces FSM (micro-courants spécifiques en fréquences) permettent de ré-informer au niveau de la signalisation cellulaire. Ils permettent d'agir et de rechercher aux niveaux des corps physique et énergétique, en utilisant des listes, séries ou spectres de fréquences simples ou conjuguées.

Le nouvel appareil est basé sur une architecture mise à jour et peut monter jusque 12,5 MHz et générer deux canaux. Il s'agit d'une nouvelle plage de fréquences que les recherches fondamentales sont en train de lier aux cellules souches, à l'énergie des microtubules dans les cellules, et à la différentiation cellulaire – un nouveau domaine de recherche que nous commençons à peine à toucher.

Ces microtubules ont des fréquences entre 8,5 et 12,5 MHz, ce qui représenterait la vitesse d'horloge de l'ordinateur quantique qui est formé de ces tubules d'eau structurée, dans nos cellules[14]. Ceci dit, des dizaines de milliers d'autres fréquences ont déjà été répertoriées et intégrées.

Base de données dans le champ d'information

Regroupant et intégrant des milliers d'années de recherches de toutes cultures, une base de données d'informations hiérarchique extrêmement riche constitue le coeur du système au niveau de l'information : après une sélection thématique, chaque liste de résultats obtenus par interrogation du champ d'information peut être évaluée et classée par pertinence, intensité, dimension et niveau de conscience, afin de comprendre et d'agir en fonction des objectifs définis.

C'est la richesse du système et ce qui fait son génie : une fois les outils matériels à disposition, l'appareil sert en réalité à classer des listes de résultats possibles selon leur intérêt. L'utilisateur choisit donc des classeurs de résultats possibles, et l'ensemble des information est envoyée dans le champ d'information du client afin de mesurer leur adéquation ; seules celles les plus extrêmes (perturbant le plus le champ) sont retournées : ce sont celles sur lesquelles se pencher en priorité.

---

[14] A ce sujet, lire « le quatrième état de l'eau » de G.Pollack, même éditeur

Les éléments de la base de données peuvent contenir des états présents (ce qui concerne l'information qui existe en ce moment) et des états désirés (l'objectif qu'on cherche à atteindre).

Demander et recevoir des informations

Un principe fondamental du champ d'information est qu'il ne répondra qu'aux questions qu'on lui pose.

Tapez au hasard des lettres et espaces dans Google. Vous obtenez des résultats. Recommencez : vous obtenez des résultats qui n'ont rien à voir. Vous pouvez essayer autant de fois que vous le souhaitez, si vous tapez au hasard et cherchez, vous ne trouverez jamais deux fois les mêmes résultats.

C'est toute la difficulté pour nous, de culture occidentale, qui attendons un monde causal et objectif dans un domaine qui propose une causalité qui nous échappe et une objectivité qui nous dépasse.
D'un point de vue supérieur, si on connait l'entièreté de l'index de Google, il est absolument, entièrement causal et objectif d'obtenir telle liste de résultats quand on tape telle séquence de lettres et espaces.
Mais pour ceux d'entre nous qui n'ont pas mémorisé, analysé, cartographié et compris l'entièreté de l'index de Google (c'est à dire, pour nous tous, humains limités) et son algorithme, il est impossible de comprendre le lien de cause à effet et l'objectivité des résultats obtenus. C'est « de la magie ». On ne peut que lâcher prise, admettre ses propres limites, et laisser faire un « esprit supérieur » qui à accès à plus d'information que nous (que celui-ci possède ou non une conscience et du libre-arbitre n'a rien à voir).

Si on ne comprend pas le lien de cause à effet, on l'appelle « hasard », « destin », ou « n'importe quoi » ; mais en réalité, on fait simplement l'aveu de nos propres limites de compréhension.

La médecine chimique et organique prétend tout comprendre en isolant toutes les variables et essayant de prouver l'inférence de la variation de chaque d'entre elles dans un système. C'est une approche scientifique qui semble valable, à un détail près : le système dans son ensemble est totalement non maîtrisé. Les résultats sont prévisibles avec un ensemble de variables maîtrisé, mais dès qu'on prend en compte les interactions de toutes les variables possibles, cela n'a plus aucun sens.

Ainsi, être « sceptique », « zététicien », « cartésien » ou « scientifique » est généralement assimilé à « matérialiste » mais devrait surtout se définir par « en manque de point de vue élargi sur les variables en présence ». Je me considère personnellement comme cartésien et scientifique, mais avec un cadre de pensée englobant plus de variables qu'un matérialiste pur. Je suis également conscient que j'ai des limites que je reconnais, et d'autres que je ne reconnais même pas, comme tout le monde.

La vraie approche scientifique est à mon sens, celle définie par Karl Popper : toute science n'est valable que si elle est réfutable, c'est à dire que la différence entre un dogme et la science réside dans le fait que cette dernière va évoluer et n'est donc vraie qu'à titre temporaire.
Si un scientifique rejette toute idée d'avancement de son domaine, et toute idée de possibilité de l'existence d'une nouvelle variable, ce n'est plus un scientifique mais un dogmatique ; il a sans doute un poste, une carrière ou un brevet à défendre. Être un vrai scientifique, c'est être ouvert aux nouvelles possibilités. Un vrai scientifique est avant tout un aventurier.

Pour quel objectif ?

Ainsi donc, le travail dans le champ d'information requiert de savoir tout simplement quelle question on pose ! Le logiciel permet de formaliser cette demande en écrivant un « objectif » qui sera associé à tout le travail en cours, les recherches et listes de résultats, etc.

Un outil d'apprentissage

Une fois les résultats filtrés et choisis, l'appareil va pouvoir émettre cette information à intervalles réguliers (c'est d'ailleurs cette fonction qui lui a donné son nom, TimeWaver, ou « qui émet en vagues dans le temps »). C'est absolument une fonction d'apprentissage : en répétant, au bon moment et au bon rythme, une liste de solutions et d'informations, on va rééduquer le récipiendaire à apprendre et mettre en oeuvre ces éléments.
En pratique, on constate que des informations concernant des éléments très physiques seront émis plus longtemps et moins souvent ; des éléments plus psychologiques, moins longtemps et plus souvent. Malléabilité...

Information et énergie : conscience et structure

L'appareil permet d'interroger deux mondes très différents : celui de la conscience (l'information) et celui de l'énergie (la structure). Pour le premier, on utilisera les photons et le laser à effet quantique ; pour le second, les générateurs électromagnétiques et les miroirs de Koryzev.

En interrogation, le laser est influencé par l'observateur, et ce, quelle que soit la distance. Par contre, le bruiteur émet localement et sert donc localement à numériser l'empreinte structurelle énergétique d'une personne ou de tout objet ou produit.

L'appareil peut enregistrer l'empreinte du client, tant sur le plan de la conscience que de l'énergie. Cette empreinte servira alors d' « adresse IP » ou de « numéro de téléphone » pour pouvoir contacter ultérieurement le client. Il s'agit d'un enregistrement d'information alors que le client donne son autorisation à l'appareil pour le mesurer ; si toutefois le client changeait plus tard d'état d'esprit à son encontre, la forme de cette empreinte dans le champ d'information changerait ; il ne pourrait plus la faire résonner.

En émission, le laser va encoder les informations des listes de résultats sur cette empreinte unique : ainsi, il va pouvoir joindre le client dans le champ d'information, et lui rappeler les décisions et solutions choisies. On peut désactiver cette émission la nuit car, aussi incroyable que cela puisse paraître de prime abord, elle peut réveiller certaines personnes. C'est pourtant le meilleur moment, dans le calme nocturne relatif du champ d'information, pour mettre en oeuvre les apprentissages...

Il est aussi possible d'émettre localement via les bruiteurs et miroirs de Koryzev, soit dans le champ électromagnétique du client, soit sur tout support capable d'enregistrer et de fixer ce message électromagnétique (eau, granules, bandes magnétiques...).

Différents modules d'interface

pour interagir sur différents plans avec les informations du patient, les inventeurs ont créé près d'une dizaine de modules, chacun conçu comme une interface différente d'accès à l'information contenue dans la base de données. Une analogie permet de mieux comprendre : si on dispose d'une bibliothèque (la base de données), un module serait le téléphone (appeler le bibliothécaire) ; un autre, un moteur de recherche (indexation de tous les titres) ; un autre, le livre des emprunts (interrogation dans le temps des centres d'intérêts) ; un autre, la carte des différents rayons ; ou encore l'historique des publications, les revues parlant des livres, etc.

De plus, des logiciels annexes permettent des extensions autour de ces applications : interrogation et suivi de paramètres en temps réel ; mesure de l'onde du pouls ou de la tension artérielle en continu et corrélation dans le champ d'information ; application des programmes à la maison, avec suivi à distance ; applications spécifiques pour le sport, les animaux ...

Par exemple, les médecins comme le docteur Meissner (on en rencontre des centaines aux congrès TimeWaver en Allemagne) utilisent en priorité un module nommé « cohérence organes » qui répertorie les principaux systèmes et sous-systèmes organiques du corps, et propose de tester un ensemble de causes possibles des déséquilibres ainsi que l'évaluation d'un ensemble de solutions numérisées (informations de remèdes).

Des modules permettent un balayage rapide des systèmes principaux, des causes et solutions, en quelques secondes.

Un module permet une recherche des dates clé dans la ligne temporelle : les dates importantes sont d'abord testées selon l'objectif, puis des recherches sont effectuées sur chacune pour évaluer les réponses pertinentes.

Un autre module permet de travailler sur toute image ou plan en deux dimensions, d'y créer des points ou des zones, d'y associer des classeurs de bases de données puis de les évaluer. Dans ce module, l'information est associée à ce qui y est représentée ; certes, la carte n'est pas le territoire, mais la carte est bien l'information du territoire : chercher une information sur la carte revient à interroger directement le champ d'information à propos de cet emplacement.

Avec le TimeWaver Frequency, le module éponyme permet la recherche et l'émission de fréquences adaptées, la mesure physique et via le champ d'information, et leur adaptation en temps réel ; le module « McMakin » permet, lui, l'émission de protocoles comprenant deux fréquences simultanées, l'une concernant l'organe, et l'autre le problème. L'auteur présentera son approche elle-même dans les pages suivantes.

Pour finir cet aparté technique, laissons donc maintenant la parole aux concepteurs...

Un appareil à micro-courants pour chez soi

Marcus Schmieke

Après avoir créé le TimeWaver Frequency puis le TimeWaver Home afin d'aider les patients à appliquer à la maison les programmes, il manquait un module permettant d'envoyer les programmes directement dans l'appareil.
Aujourd'hui, on est tellement gâtés par nos smartphone qui nous fournissent des réseaux de communication faciles d'accès ! Nous sommes à l'aube de la création du réseau d'information humain.

Ainsi nous avons miniaturisé l'électronique nécessaire pour utiliser un smartphone avec TimeWaver et créé le **Healy**[15]. Ce petit appareil contient la même technologie que le TimeWaver Home et va pouvoir s'interfacer avec TimeWaver Med et TimeWaver Frequency. Il est aux normes médicales européennes et son efficacité est maintenant officiellement reconnue.
Il y a deux applications, une similaire au Med et une similaire au Frequency.

L'application **Healy** comprend des centaines de programmes complexes issus du TimeWaver Home, et livré avec des électrodes pour l'application des micro-courants. On peut aussi l'utiliser sans électrodes, avec l'appareil accroché près du corps. Au choix d'un programme, les contenus des fréquences sont envoyées dans l'appareil et on peut ensuite régler l'intensité. L'appareil surveille la bonne régulation du courant dans le corps.
On peut envoyer des programmes spécifiques créés avec le TimeWaver Frequency, tout simplement via Internet et un « cloud médical » certifié. Un nouveau module dans le Frequency permet la connexion directe avec chaque appareil qui l'a autorisé (une clé d'autorisation est affichée sur le smartphone pour autoriser le praticien à y accéder). Le praticien peut ainsi créer, y compris à distance, des programmes individuels pour le patient.

La seconde possibilité avec le Healy est l'application **Healy Resonance**. C'est un petit TimeWaver Med ! On y retrouve les clients, l'analyse, la photographie d'aura en temps réel et avec l'interprétation des chakras, les listes et les bases de données.
On peut faire une analyse en temps réel et lancer une optimisation. Une base de données de dizaines de milliers d'entrées est intégrée dans Healy Resonance. On peut aussi le synchroniser depuis TimeWaver Med avec les listes créées, par Internet.

---

15 Voir www.healy.gold pour plus d'information sur cet appareil.

Performance et sport

André Göttler, Rob Van Hees, Marcus Schmieke

Il a fallu changer d'habitude : on travaillait avec des gens plutôt malades, et ici on travaille avec des gens plutôt en très bonne forme !
Cette approche a conduit à développer des programmes pour les sportifs, le bien être, les animaux, les centres SPA et de beauté…

Ceux qui ont un appareil de micro-courants savent qu'on peut travailler sur l'amélioration des cheveux, le volume des poumons… L'idée est d'avoir un appareil qu'on utilise régulièrement pour cela. Comme on l'a vu, les premières heures après un effort sont les plus importantes après une pratique sportive comme après une blessure. Chacun peut ainsi appliquer le bon programme, dès la fin de l'effort, par exemple.

Une étude en 2014/2015 sur 3500 joueurs montre que 80% des joueurs ont eu au moins une blessure, avec une moyenne de plus de 2 par joueur par an ; cela a conduit à plus de 75.000 jours d'interruptions soit 10 millions d'euros de pertes. Il faut aussi savoir que la plupart des blessures se font durant l'entrainement plutôt que durant les compétitions. Dans ce cadre, l'appareil de micro-courants à deux fréquences sera un outil important pour le traitement des blessures.

Le taux de blessures peut être influencé par le système immunitaire, ce qui fait aussi partie du champ d'action de nos appareils ; le mental peut également être travaillé avec des programmes appropriés. Pour le sport, les opportunités principales sont sur la régénération en priorité.
Des programmes sportifs, faits par une spécialiste, sont aussi disponibles.

Je voudrais aussi vous parler de la stimulation trans-crânienne. Un film montre les effets sur l'augmentation des capacités intellectuelles et d'apprentissage, et ces possibilités sont maintenant disponibles avec les appareils pour chez soi.

On doit être très prudent avec ce type de technologie et le programme intégré a un courant 3 fois plus fort que les programmes précédents, il s'agit de courant continu, qui peut créer des environnements acides ou des brûlures. Ne placez jamais les électrodes sur la peau, mettez des éponges humidifiées dans une solution saline et des électrodes noires en silicones afin de ne pas toucher directement la peau, c'est très important. Montez lentement jusqu'à 2 mA après vous être assuré que les électrodes sont totalement couvertes de chaque côté du crâne par les éponges. Les électrons sortent par le câble blanc, on les place sur l'hémisphère gauche pour la créativité. Bien sûr, pour notre comptable, je les placerais sur l'hémisphère droit car je ne veux pas stimuler sa créativité ! Le manuel des appareils détaille toutes les applications. Il existe aussi une électrode spéciale pour pouvoir envoyer des fréquences aussi élevées en l'appliquant sur le haut de la colonne vertébrale.

Cellules souches et différentiation grâce aux fréquences

J'ai aussi visité un institut allemand de recherche sur les cellules souches et ils m'ont confirmé qu'ils savaient que l'on pouvait régénérer des cellules souches et les différencier en travaillant sur des fréquences. C'est très excitant et le matériel actuel permettra d'intégrer bientôt ces nouveaux programmes quand les recherches auront identifié toutes les fréquences...

Les micro-courants spécifiques en fréquences

***Carolyn McMakin*[16]**

Plus de 100.000 cas cliniques traités par Carolyn McMakin ont conduit à 120 protocoles intégrés dans cet appareil. Il intègre ces expériences de manière simple et intuitive, des groupes d'automatisation et des illustrations pour expliquer les protocoles et les placements des électrodes.
Durant le traitement, deux listes de fréquences travaillent en parallèle et en synergie. L'appareil s'adapte en temps réel à la réponse du corps en mesurant l'effet de celles-ci.
Cette innovation se base sur 20 ans d'expérience, mais il s'agit du tout premier – et du seul – appareil certifié médical en Europe. De plus, il s'agit du premier appareil FSM qui intègre le logiciel et le matériel ensemble, en temps réel. Enfin, c'est le premier appareil qui intègre tout ensemble (automatisations, temps réel, programmes propres) et qui permette à chaque praticien d'ajouter ses propres protocoles.

Des fréquences qui ont plus de 100 ans

Développées depuis les années 1900 par des médecins et ostéopathes, utilisées jusqu'en 1934 où elles ont été interdites d'utilisation aux US car les résultats n'étaient pas organisés et reproductibles de manière à pouvoir rentrer dans une vision administrative de la médecine (en même temps, la

---

16 cf. son interview pour mon film « En réalité » et son livre « L'effet résonance », *op.cit.*, ainsi que le site www.frequencyspecific.com

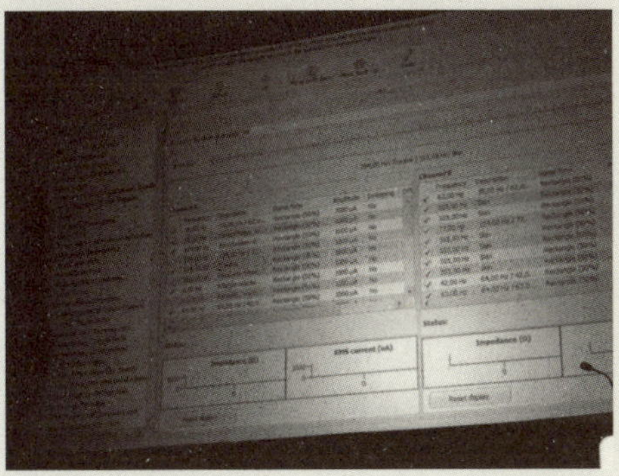

phytothérapie et l'homéopathie ont été écartés, au profit des médicaments et de la chirurgie), on a perdu en deux générations toutes les traces de ces premières recherches.

L'année 1995 a marqué, avec la découverte dans une arrière-boutique d'un appareil, le début de ma propre aventure avec les micro-courants à fréquences spécifiques ; on avait donc perdu la source de ces différentes fréquences et on a commencé à les expérimenter pour voir leurs effets.

Entre 1995 et 1997, j'ai pu constater l'effet reproductible des fréquences retrouvées ; j'ai pu commencer à les transmettre et les enseigner. Depuis 20 ans maintenant, les recherches et les résultats cliniques se sont accumulés et on connait maintenant beaucoup mieux les effets et les conditions précises de fonctionnement des FSM, avec des effets prouvés et reproductibles.

Comment ça marche ?

Les données collectées nous expliquent comment les fréquences peuvent fonctionner.
Par exemple, on sait que la fréquence de 40 Hz réduit l'inflammation (expérience sur animaux contre placebo : 100% de réponse, réduction de 30% sur les oedèmes en 4 minutes en utilisant la combinaison 40/116 ; pas d'effet sur le groupe placebo).
30%, c'est le résultat qui est obtenu avec certains médicaments ; on a donc un résultat prouvé en 4 minutes, aussi efficace qu'un médicament.

Mais d'où l'inflammation vient-elle ?
Le système immunitaire répond avec une inflammation à un traumatisme ou une infection : quand des tissus ou une bactérie ou un virus arrivent sur un récepteur de la membrane cellulaire, ce récepteur active la kinase, qui active un facteur de transcription, qui change l'expression épigénétique, qui fait que la cellule secrète des produits inflammatoires.

C'est tout ce schéma de signalisation qui entre en jeu avec les fréquences qu'on a retrouvé et dont on a prouvé les effets.
Avec la médecine officielle, il faut des mois pour bouger difficilement les cytokines liées à l'inflammation. Le 40 Hz réduit toutes les cytokines liées à l'inflammation de 10 à 20 fois en 90 minutes. C'est techniquement impossible du point de vue de la chimie !
La seule explication est un changement dans le schéma de signalisation intracellulaire (une normalisation).

La clé physique et la télécommande

Règle scientifique : on ne peut pas rejeter un résultat expérimental s'il contredit la théorie ; c'est la théorie qu'il faut changer.
Mon explication est que les produits chimiques sont comme la clé qui ouvrirait une porte dans la cellule ; et la fréquence serait comme une clé à télécommande, qui agirait à distance pour des fonctions précises.

Si des fréquences peuvent ainsi agir sur des schémas de signalisations précis, que peut-on traiter ?
J'ai des milliers d'exemples, tous plus spectaculaires les uns que les autres. Souvent, des problèmes qui ont duré des années, sont résolus en quelques semaines.

Les fréquences semblent changer l'expression génétique et accélèrent notablement la guérison.
Les micro-courants augmentent la production d'ATP de 500%, activent la transduction des signaux, accroissent de 70% la synthèse des protéines, et le transport des acides aminés de 40% (tout ceci dans des études documentées). On a liquéfié en quelques minutes des cicatrices dures, avec une unique fréquence.

Résonance, émotion, et psychologie

J'ai traité depuis 25 ans des patients et on me demande à chaque fois, est-ce que c'est un effet psychologique ? J'ai constaté que, pour les 25% de patients qui arrêtaient le traitement avant la fin, les émotions avaient beaucoup bougé.

Le corps humain est un système biologique quantique ; toutes les liaisons ont une fréquence de résonance (fait physique). Les cellules sont des semi-conducteurs, les électrons appartiennent à l'ensemble du système. Le corps est en fait un système EM qui fonctionne comme un réseau semi-conducteur.

Les fréquences créent des effets instantanés sur l'état des tissus, mais c'est le métabolisme, l'attitude et la mécanique qui soutien ce changement dans la durée, ce qui explique que certains patients aient besoin d'une séance quand d'autres doivent revenir plusieurs fois.

On change le schéma en changeant la signalisation cellulaire ; on traite la cause, et on soutient ensuite le retour à un état stable.

Le même symptôme peut avoir plusieurs causes ; il faut d'abord bien identifier la cause possible, et alors la fréquence marche immédiatement.

C'est la clé du succès : il faut être dans l'état d'esprit de la recherche de la cause, essayer les fréquences et constater tout de suite les effets pour ajuster son diagnostic en temps réel. C'est exactement ce qu'on a maintenant intégré dans le TimeWaver Frequency !

Les micro-courants spécifiques en fréquences

Comment marchent les fréquences ? Les recherches cliniques que nous avons mené nous donnent des pistes sur la façon dont elles marchent réellement. On peut utiliser des phrases comme résonance ou champ d'information, mais les données nous donnent des résultats sur leur fonctionnement.

Dans notre système, j'avais une liste de fréquences d'un ostéopathe, utilisées jusqu'en 1934 (Dr Abrams), qui venaient d'une machine créée en 1922 rachetée par le Dr Van Gelder en 1946, un de mes collègues. Cette liste a été retrouvée en 1995. Elle utilisait deux fréquences. Elle n'expliquait pas leur fonctionnement.
La question était : est-ce reproductible ? Je n'avais aucune idée pour les expliquer. En 1934 aux US, les fréquences, l'électromagnétisme, les herbes sont devenues des causes de bannissement du corps médical. En

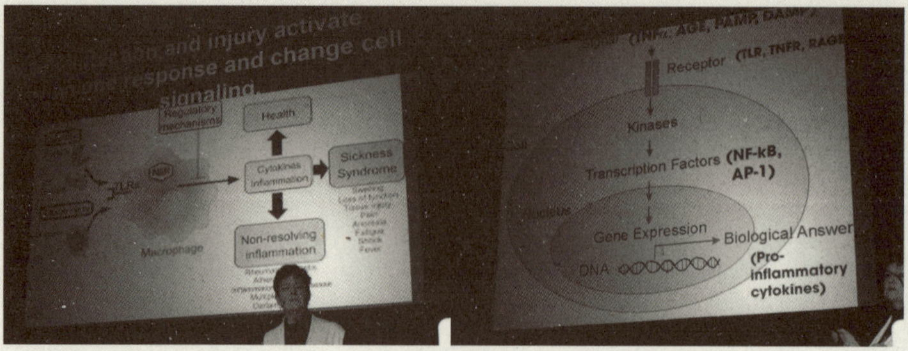

conséquence, ces connaissances expérimentales ont disparu à ce moment, les appareils sont partis au grenier et ont été oubliés...

Ce qui m'intéresse, c'est si ça marche, et que ce soit reproductible.

La cause de l'inflammation

L'inflammation cause toutes les maladies dégénératives.
Mais qu'est-ce qui cause l'inflammation ?

Une infection ou une blessure active la réponse immunitaire et change la signalisation des cellules. En réponse, les cytokines peuvent faire retourner le système à la santé, ou ne pas résoudre l'inflammation (devient chronique), ou ne pas la contenir (aigu).

La clé, c'est donc la signalisation dans les cellules. Changer cette signalisation change l'expression génétique et allume les gènes qui créent l'inflammation.
Donc, un signal arrive sur un récepteur, active des kinases, des facteurs de transcription et donc l'expression des gènes ce qui déclenche la réponse biologique. Il s'agit de l'épigénétique.
Il faut travailler au niveau du signal si la cellule « oublie » le chemin de l'information correct.

Et si un appareil pouvait diminuer l'inflammation LOX de 62% en 4 minutes, ou COX en 4 minutes, ou normaliser l'activation immunitaire ?

On a commencé des recherches en aveugle sur des animaux, avec deux fréquences (40 Hz et 116 Hz sur des souris). Le laboratoire a fermé l'expérience car en 25 ans ils n'avaient jamais vu un résultat dépasser 45%

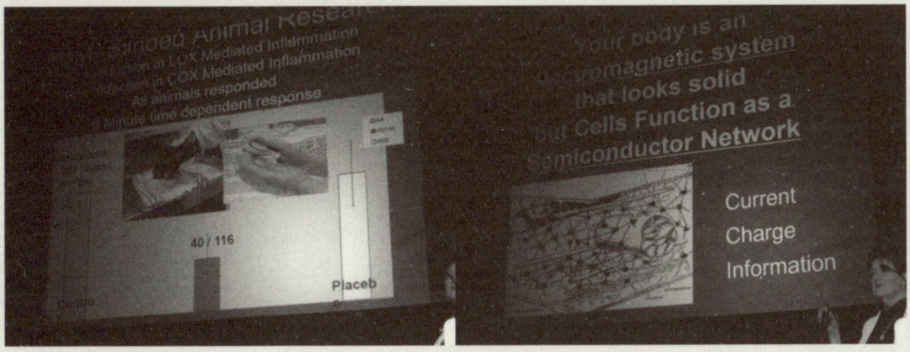

et ils ont cru à une triche. On a donc continué avec un appareil en placebo (double aveugle) et le résultat était tout aussi concluant.

Ce qu'ils ont trouvé, c'est qu'une combinaison unique de deux fréquences marchait ; en essayant d'autres fréquences ou d'autres combinaisons, cela ne marchait pas. Seule la combinaison 40/116 marchait.

Ceci dit, avec le pouvoir viennent les responsabilités. Notre corps déclenche de la douleur, car il y a une information correspondante. Nous avons découvert que les fréquences remplacent la signalisation des bactéries ; 40 Hz éteint l'inflammation, et donc l'infection peut proliférer pendant ce temps si l'inflammation est « éteinte » pendant 2 à 6 heures ; en résultat, c'est pire ! Donc si il y a des antibiotiques par exemple, c'est OK pour un traitement.

Si on a affaire à un coup de soleil : le coup de soleil supprime la réponse immunitaire. L'expérience consiste à mettre en contact un agent sensibilisant, exposer à un coup de soleil, puis remettre cet agent plus tard sur une autre partie du corps. La conclusion est que le groupe qui a été traité immédiatement par les fréquences a moins bien réagi que celui traité deux heures après. Dans tous les cas, un simple traitement de 4 minutes a produit un changement **permanent** dans le système immunitaire (l'expérience est mesurée 2 semaines après).

Une autre expérience montre que des fréquences réduisent les cytokines (liées à la douleur et la dégénérescence dans le cerveau et les articulations), mais ce qui est important est qu'elles restent dans les valeurs normales (étude sur 54 fibromyalgiques depuis 10 ans en moyenne ; nous avons fait des prises de sang sur l'interleukine-1 (norme 0-25pg/ml). La seule combinaison efficace a été 40 Hz/10Hz.

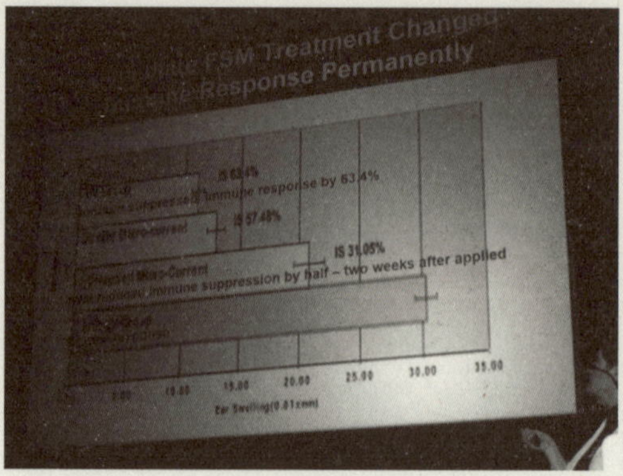

Pour les patients, la valeur est retombée en 90 minutes de 330 à 80, ce qui est normalement totalement impossible car on les a toujours vues changer lentement. l'interleukine-6 est descendue de 239 à 76.

*Il faut noter que les cytokines sont crées par les cellules ; la seule explication de cette rapidité de réaction est l'influence sur la signalisation. Les endorphines sont montées de 8.2 à 71.1 ; le Cortisol, de 14.7 à 105.3 – mais ce n'est pas une réponse de stress, la douleur ayant diminué de 7.3 à 1.3.

58% des patients ont vu leur fibromyalgie disparaître complètement en 4 mois. 13 ont interrompu leur traitement, mais pas en raison d'effets secondaires. L'explication est la suivante: lorsqu'on a des douleurs pendant 12 ans, on s'y habitue tellement que cela devient notre raison d'être ; et si elles disparaissent en 90 minutes, on rejette ce résultat (bénéfices secondaires de la maladie...)

Des gens atteins de fibromyalgie depuis 18 ans ont été guéris, et sont dans un état stable depuis maintenant 6 ans.

Le gène allumé par une blessure détermine la rapidité de soin. Les fréquences changent ces gènes et peuvent donc accélérer les soins.

On a montré que les micro courants augmentaient de 500% la production d'ATP.

Mon premier cas était une ballerine, ayant eu un accident de voiture. On l'a traité deux heures, 4 heures après l'accident. On lui avait annoncé 4 mois de rétablissement et des douleurs qui augmenteront. Le lendemain, elle est revenue sans aucune douleur et totalement mobile.

Avec l'expérience, traiter entre 3 et 8 heures après l'accident s'est montré le plus efficace.

Dans un autre cas, un joueur de football américain (Terrell Owens) a eu un accident qui aurait dû l'immobiliser 13 à 18 semaines ; il a pu rejouer au super bowl 6 semaines après (soin stabilisé à 4 semaines, cicatrice disparue à 5.5 semaines) avec un traitement quotidien. Plus aucune trace de la chirurgie !

La fenêtre des 4 heures

En 2012 on a compris que des gènes répondent immédiatement et s'éteignent après 6 heures. Agir à ce moment permet de changer la réponse épigénétique et de passer outre les 2 ou 3 premières semaines de guérison lente. Il n'a fallu par exemple que 11 jours à un patient pour se remettre entièrement après une opération du visage[17].

Comment les fréquences font-elles ?

Le corps humain est un système biologique quantique. Tout est maintenu par des liens électromagnétiques. Les molécules sont faits d'atomes, les atomes sont des émetteurs et créent des schémas complexes. La solidité de la matière est le résultat de ces liens magnétiques. Ce qui est important est que tous ces liens ont des fréquences de résonance. L'eau dans son 4e état[18] forme une matrice, une structure qui ressemble beaucoup à un semi conducteur (un processeur informatique). Les réponses électromagnétiques sont des dizaines de fois plus rapides que les réponses chimiques.

La résonance est la tendance d'un sytème ou d'un lien à osciller à de larges amplitudes en réponse à certaines fréquences précises et pas d'autres. A la fréquence de résonance, une faible force peut produire des vibrations de très large amplitude.
Un chanteur qui brise un verre, ne marche qu'avec du cristal qui contient du plomb ; c'est cette fréquence précise du plomb qui entre en résonance.
La résonance biologique explique l'effet sur les tissus vivants. Les médicaments ou les nutriments agissent comme une clé dans une serrure, en changeant la manière d'opérer de la cellule. La résonance biologique agit comme une clé à télécommande. Le changement se fait par des fréquences, comme une clé à télécommande. Cela fait le même effet que si on changeait la signalisation des cellules ; que si cela dissolvait les liens dans les cicatrices ; comme si cela désassemblait les capsides des virus. Si on connait la fréquence de résonance de la structure du virus, il suffit de l'appliquer pour l'affaiblir et sans doute même le démembrer !

---

[17] Tous ces cas sont relatés dans « L'effet résonance », *op.cit.*

[18] Pour en savoir plus : « le quatrième état de l'eau », *op.cit.*

Le champ d'information de l'entreprise

Christiane Brand

J'ai créé mon institut en 2003, j'ai débuté avec le Feng Shui et on a commencé à utiliser le TimeWaver en 2008 dans le domaine de l'entreprise.

Dans ce domaine, contrairement au domaine de la médecine, TimeWaver n'a aucun concurrent. Je trouve ça génial d'avoir à disposition un tel outil. J'ai 28 collaborateurs qui l'utilisent tous les jours pour leur travail de consultant. 80% de leur travail se fait avec TimeWaver, le reste en Feng Shui, nutrition, position ...

Je vais vous montrer ma perspective sur la place de TimeWaver dans ces problématiques ; comment se débarrasser de la vision matérialiste ? Comment gérer l'ego ?

Un groupe cible

Nous n'avons pas de groupe particulier, nous avons des grosses industries, des architectes, des compagnies d'assurance, des compagnies pétrolières, des petites sociétés... Par contre, il existe un type de client TimeWaver ; des gens qui ont des buts, des visions, des rêves dans la vie ; des gens qui parlent des choses positives qu'ils souhaitent qu'il leur arrive. Des gens qui assument leurs responsabilités. Des gens ouverts aux nouvelles technologies, qui ont parfois essayé de nombreux appareils. Des gens qui pensent que le monde est plus vaste que ce qu'on peut voir matériellement.

Ce sont souvent des gens qui ont eu des problèmes apparemment insurmontables ; problèmes de santé, burn out, problèmes familiaux ou d'entreprise...

On retrouve ces clients autour d'une éthique commune. Comment utilisent-ils TimeWaver? 60% de nos clients ne recherchent pas le système mais notre prestation de conseil. Pour tous nos clients, nous surveillons activement tout le travail fait et nous mettons en place des stratégies à moyen terme sous surveillance.
Un petit groupe achète un TimeWaver et travaille directement avec l'appareil ; certains deviennent même consultant !

Travail concret

En plus de travailler directement sur l'entrepreneur (le propriétaire et/ou le directeur de l'entreprise), il est possible de travailler sur l'activité précise de l'entreprise. Par exemple pour des voitures, on peut mettre en place une analyse de tous les composants, les points de contrôle... En pratique, on va définir tous les points importants de la société et une stratégie pour les surveiller. On peut les équilibrer en permanence dans le champ de l'information.

Pour la partie informatique, on met en place des niveaux de contrôle, la sécurité, les ordinateurs de tous les clients... Chaque ordinateur a son propre champ d'information et on peut détecter à l'avance des modifications dans celui-ci et agir ainsi de manière proactive.

On se sert également du système pour définir les besoins précis du client ; un client a parfois du mal à définir précisément ses propres besoins, et ils sont contents en général d'apprendre que des parties auxquelles ils n'avaient pas du tout pensé, nécessitent de l'attention ; cela paraît évidement une fois que c'est dit, quand c'est juste !

On peut travailler avec le module Points d'Énergie, par exemple en insérant la structure hiérarchique de l'entreprise et en faisant régulièrement des analyses sur les points de chaque niveau.
Dans ce cas, on ne place jamais le nom exact des collaborateurs mais uniquement leur poste, à moins qu'une personne ne soit activement impliquée dans le processus d'analyse.

On a fait une stratégie dans une grande entreprise avec une analyse personnalisée MyTimeWaver pour chacun des collaborateurs ; 80% n'y croyaient pas mais c'était gratuit, donc bon... et on a constaté après 6 mois un progrès important sur différents plans, et maintenant 90% de ce groupe ont adhéré au système !
Comme le disent tous mes collègues, l'intention, l'objectif bien définis sont primordiaux ; pour moi, une liste de 500 résultats n'a aucun sens, il faut lire, comprendre et choisir.

Nous avons de bons résultats dans des domaines aussi divers que : le sport (individuel ou équipe), l'agriculture (du potager aux forêts), l'immobilier (vente ou location), la transmission d'entreprise (trouver la bonne personne) et le recrutement... c'est, encore à ce jour, très étonnant de constater les effets dans autant de domaines différents, quand on commence à équilibrer le champ d'information !

L'utilisation du champ d'information rend-il le monde meilleur ?

Je pense que oui ! TimeWaver aide les gens et les systèmes à rester cohérents.

Lorsqu'on est dans un état cohérent, les variations naturelles peuvent revenir naturellement aux niveaux optimaux ; alors qu'en sous-régulation, on constate le chaos, les maladies chroniques, et en sur-régulation la rigidité et les problèmes aigus. Rester au centre permet l'auto-régulation.

On ne peut pas intervenir pour quelqu'un sur une journée seulement. Tout le travail qu'on fait est basé sur le moyen et le long terme.

Un système cohérent et en bonne santé, heureux, plein de vitalité, de succès, à son meilleur potentiel et authentique, sait gérer les crises, et tient compte de l'homme et de l'univers.

TimeWaver améliore tout cela, et donc améliore le monde !

« *Sois le changement que tu souhaites voir dans le monde* » Gandhi

Quatrième partie

Vivre dans le champ d'information

Enseignements spirituels dans les dimensions interculturelles

Martin Mittwede

Quand on aborde les religions, on peut croire qu'elles ont toutes le même but mais c'est loin d'être vrai ; par contre, on leur trouve de nombreuses similitudes au-delà des différences de vocabulaire.

Des questions à la frontière des religions se retrouvent :

- Que nous apporte l'expérience spirituelle ? Prière, méditation, apportent en général une paix, une sensation de félicité, quiétude, unité. Est-ce culturel ? Est-ce physique ?

Un érudit catholique a écrit que le silence dans sa religion était différent du silence dans le bouddhisme ; je ne pense pas que ce soit vrai.

A-t-on des prédispositions, physiques ou autres, à avoir ces expériences spirituelles ? Il semble que certaines personnes soient en effet plus disposées que d'autres.

Si on cartographie le temps de la journée, 60% concerne l'état éveillé, mais le reste concerne d'autres états de conscience : 2% rêveries le jour, 3% sub-trance, 12% sommeil profond, 10% sommeil léger, 8% rêves...

On peut aussi mettre en schéma les différents états de conscience, entre coma et éveil maximum sur un axe, et aucune conscience de soi / conscience étendue sur l'autre axe.
Dans ce schéma, il existe de nombreux états de conscience modifiés.

Une typologie des expériences mystiques a été réalisée en 1960 :

- Transcendance de la relation sujet/objet ; du moi et les autres. En général, ces expériences arrivent dans la nature (2/3 des cas).
- Transcendance de l'espace et du temps
- Béatitude, sentiment profond de bien-être, positif
- Sensation de la divinité, de la sainteté ; ou de l'essence du sens de la réalité
- L'impossible à expliquer avec des mots : sortie du monde en 3 dimensions par exemple.

Les recherches récentes sur la méditation ont établi (Piron 2003) les 5 niveaux de profondeur, du calme intérieur jusqu'à la non-dualité.

La conscience est elle donc un épiphénomène secondaire des fonctions du cerveau, ou le cerveau et la matière ne sont ils pas aussi objectifs qu'on le croit ?

Si on prend encore de la hauteur, on va considérer une réalité transcendante ; on va chercher une vérité transcendante.

Mais, pose-t-on les bonnes questions ? Cela a-t-il du sens de demander si Dieu existe, ou si une réalité transcendante existe ?

L’argent et l’information

Marcus Schmieke, Christian Halper

Je voudrais reparler des analyses dans le champ d'information que nous faisons en ce moment et l'argent est un sujet qui ressort fortement.
Qu'est ce que l'argent évoque comme énergie pour moi ? En 2000 il y a eu une grande peur que tout se fige, que le système financier bloque tout. Notre système financier règle le monde. Il faut le regarder en face. Je voudrais inviter Christian Halper qui travaille depuis 25 ans dans le système financier.

Christian : Si on regarde le système financier, on voit bien qu'il est malade. Comment le soigner ? Il faut le regarder d'un point de vue philosophique. Internet a beaucoup débloqué l'information.

Si on regarde Internet, est-ce que les 4 éléments sont représentés ?

L'**Air** transporte l'information.
Les émotions peuvent aussi être transportés : l'**Eau**.
Le **Feu** serait l'énergie, peut on le transporter ?
Le Bitcoin pourrait-il être la **Terre ?**

Internet a été inventé en 89 et le boom est arrivé 10 ans après. Aujourd'hui je prévois la même chose avec Bitcoin qui représente ces échanges d'énergie. Cela ne remplacera pas notre système financier mais cela peut le soigner.

Marcus : La finance traditionnelle construit des tours, qu'on peut voir ici à Francfort depuis les fenêtres de l'hôtel. Bitcoin décentralise le pouvoir et n'a pas besoin d'ego ou de tour. Nikola Tesla avait l'idée d'un système énergétique décentralisé mais ses investisseurs n'étaient pas du même avis...

Sur le transhumanisme

Marcus Schmieke

Il existe, déjà aujourd'hui, une industrie de la conscience, un concept nommé transhumanisme. Google[19] utilise des milliards pour hybrider l'homme avec des machines. Des solutions entre la machine et la biologie promettent que d'ici 10-15 ans la maladie disparaisse, la vieillesse disparaisse. Ces chercheurs sont convaincus que tout ceci aura disparu d'ici 20 ans maximum. Ces chercheurs sont énormément stressés, car ils savent qu'ils sont la dernière génération qui devra mourir. Il y a une économie et une philosophie derrière tout ça.

Évidemment c'est une vision verticale et machiniste. Mais, est-on prêt à se transférer dans une machine, et fermer l'ancien système ? Il se trouve que l'information quantique ne peut pas être dupliquée ; la théorie quantique dit que si on copie un système quantique, le premier disparaît.

Derrière ces objectifs, il y a l'idée qu'un humain est uniquement et purement du mental. Le corps n'a alors aucun intérêt, il n'est qu'un support temporaire.

Dans nos principes basés sur le champ d'information, on sait que le corps physique est tout aussi important. On ne peut pas exister sans l'autre. Nous ne sommes pas purement physique ou purement spirituel. Notre temps présent, matérialiste, dominé par cette approche masculine, a besoin de l'approche féminine pour intégrer la vision holistique qui montre que nous sommes une entité complexe.

---

[19] cf. Travaux de Ray Kurzweil sur la singularité

Retraites dans le noir

Saksia John

Je suis heilpraktiker et docteur vétérinaire, je pratique les thérapies systémiques et familiales, l'enfant intérieur, le champ d'information etc.

Les retraites dans le noir peuvent se pratiquer un jour, une semaine, un mois ou des années (au Tibet par exemple). Elles permettent d'atteindre des lieux où le champ d'information est le plus calme possible, et donc d'accéder à des informations qui sont habituellement noyées dans l'info-smog.

On se retrouve à jeuner, seul 24h/24, et cela libère une énergie intérieure.

Que se passe-t-il pendant une telle retraite ?

- Les autres sens sont renforcés et mis en avant.
- Des échanges entre les contenus inconscients personnels et collectifs. Toutes les histoires personnelles ressortent et peuvent se régler comme dans un dialogue.
- Les pensées et les émotions se « vident de l'inconnu ».
- Un détachement permet d'atteindre le noyau d'énergie qui est le soi authentique.

Et ensuite ?

- On semble voir avec les yeux fermés.
- Les sens sont plus aiguisés.
- J'ai vécu mes rêves éveillés.

- J'ai perçu une nouvelle qualité de la lumière – blanc, doré, et une sorte de clarté dans le noir.
- Une sensation du corps plus aiguë, et que la conscience est hors du corps.
- On ressent un lien intérieur avec toute chose, une présence ici et maintenant.
- Une sensation de connexion à la source de la connaissance (champ d'information)
- Une joie plus profonde.
- L'impression de voir avec 1000 yeux, de voir les choses sur plusieurs niveaux et que les plafonds entre les niveaux se dissolvent ; changement de perspective sur la vie. Les événements de la vie s'ordonnent dans un contexte supérieur.
- Corps → Domaine émotionnel → Domaine mental → Niveau de l'âme.

Qu'est ce que cela peut apporter à sa pratique quotidienne ?

- Une synchronisation des plans corporel, émotionnel et mental, qui parlent alors d'une seule voie.
- Plus de clarté, meilleure compréhension de soi, vision plus loin.
- Un calme intérieur, moins de lourdeurs dans les processus thérapeutiques.
- Une présence plus forte aux événements, situations et positions de chacun. J'ai parfois l'impression de mélanger le passé et le futur, de voir les choses et les enchaînements d'événements plus clairement, comme de l'extérieur.
- On se sent mieux dans le flux et assis sur des plans plus profonds.

Conseils pour une vie saine

Nuno Nina

1/ Prendre en compte le microbiome

90% de notre corps n'est pas humain, c'est très important de le comprendre.

Nos avons moins de gènes qu'une bactérie, ou qu'une mouche (25-26000). Ce fait a choqué la communauté scientifique.

En fait, ces gènes représentent 10% de notre corps, ce ne sont pas les seuls en charge de notre corps. Mais les 90% ne peuvent pas parler directement !

Parfois quand on est triste, ce n'est pas nous, mais nos bactéries qui sont tristes. Essayez de réaliser cela profondément, nous ne vivons pas seuls !

Chaque personne est un superorganisme, une espèce collective. Ces 90% sont appelés le microbiome. Si on adore le sucre, c'est pour des bactéries plutôt que pour nous.

Le microbiome est un monde miniature constitué de millions d'organismes microscopiques et non humains qui prolifèrent dans la flore intestinale. Si on les tue, alors qu'elles digèrent la nourriture, régulent l'appétit, contrôlent le métabolisme, orchestrent le système immunitaire... Fatigue, anxiété, dépression, confusion mentale, douleurs, acné, eczéma, congestion, infections, douleurs musculaires...

Il y a une écologie dans notre ventre. Qui prend des prébiotiques/probiotiques ? Une fois par jour ? J'en prends une fois par heure, et croyez moi, ça change tout ! Commencez une fois par heure, puis une fois toutes les 3 heures puis tous les 3 jours. Le prébiotique nettoie, le probiotique agit. Prébiotiques 3-4 jours, puis des probiotiques. Incroyable pour des patients souhaitant perdre du poids. Mais attention, il faut vraiment en utiliser beaucoup et souvent dans la journée. J'en prends 26 par jour.

2/ Surveiller son corps

Lire un livre, c'est recevoir des avis d'une personne la concernant. En réalité il faut surveiller soi- même ses principaux indicateurs.

Tout le monde devrait surveiller son taux de sucres, pas seulement les diabétiques.

Vous allez commencer à comprendre comment **votre** propre corps marche, et en tirer des enseignements précieux, comme de savoir comment son propre corps répond à la nourriture, l'exercice, l'altitude...

Connaître les nourritures qui nous font grossir ? Savoir quand faire de l'exercice ? Est-ce que le citron réduit mes réactions à un plat ?

Des appareils permettent de surveiller en permanence pendant un mois les taux dans le sang et d'en obtenir des graphiques à analyser.

Mes conclusions :

Ce qui est important n'est pas ce qu'on mange, mais ce qui est absorbé par nos cellules. La nourriture n'arrive pas aussi rapidement dans le sang que ce qu'on croit. (en général, 30 à 40 minutes après consommation, même le yaourt). Jus d'orange ? 26 minutes. C'est bien plus que ce qu'on croyait.

3/ Boire de la bonne eau

Très important. C'est le plus important pour une bonne santé. Mais il existe des eaux négatives et c'est ce qu'il faut.

Combien boire ? Je bois 5-6 litres par jour. Pourquoi ? Parce que je prends beaucoup de compléments.

Nous produisons des acides tout le temps (H+). L'eau négative (avec OH-) permet l'élimination. « Je bois du thé, du jus ? » Je ne bois que de l'eau. Il n'existe pas de rivière de thé.
Ensuite, l'eau doit avoir un rH2<20 et un pH approximatif de 7,5.

Pour connaître combien d'eau boire, il faut mesurer le matin le pH de l'urine. Elle doit être acide le matin (les reins ont filtré les acides) : 5,2 – 5,5. Si non, c'est qu'ils ne sont pas éliminés.

4/ Réduire la quantité de nourriture

En général, on peut réduire jusqu'à 1/4. Essayez de vous arrêter de manger après 10 minutes. La satiété arrive de toute façon après 15 minutes, quand les hormones sont libérées. Augmentez les bonnes graisses au tout début du repas, cela améliore la réponse glycémique. Ne mesurez pas tout, tout le temps. Mesurez ce qui est important ! D'après mes recherches, avec trois cuillères de jus de citron avant le repas, on réduit les pics de glycémie dans le sang de 10%. Mais le mieux est la cannelle qui, même à faible dose a des effets sur le taux de glucose. L'effet semble être une réduction de la vitesse à laquelle la nourriture quitte l'estomac.

Encore plus d'effet : manger lentement. Manger trop rapidement fait augmenter très vite le taux de glucose dans le sang.

5/ Prendre des compléments

Les meilleurs sont ceux pour le sport. Lesquels choisirs ?

- Minéraux. La meilleure source ? L'eau de mer. En période de gros effort j'en bois 1/2 litre par jour. 8 ou 10 jours peuvent réduire des problèmes de manière spectaculaire. Buvez-en 100ml pour 250ml d'eau normale. On peut y ajouter du citron. Tous les nutriments son dans l'eau de mer, biodisponibles, en quantités importantes, et aussi du phytoplancton.
- Enzymes : Inhibiteurs d'aromatase. Après 45-50 ans, on ne produit plus assez de testostérone. Notre corps convertit le peu qui reste en oestrogènes (aromatase). On se transforme alors en femmes ! Infertilité, grossissement, attaques cardiaques, problèmes de prostate et sexuels. Prendre des anti-aromatases.

6/ Prendre soin de ses poumons et de ses reins

Dans tout système, il y a des fonctions de base, par dessus lesquels sont ajoutés des fonctions plus complexes, etc. Pour Windows, par exemple, Office travaille au 11e niveau de complexité. Dans le corps, tout ce qui existe en double constitue le niveau 0. Combien de cœurs ? 1. Pas si important. Foie ? Vésicule ? Non. La base ? reins et poumons. C'est par là qu'il faut toujours commencer.

7/ Utiliser les micro-courants

Par où commencer pour rester en bonne santé ?

Recherchons les reins dans l'appareil. Je vais privilégier les résultats avec un pourcentage élevé et le même pourcentage négatif, car la vie est comme une sinusoïde. Pour élargir les résultats : d'après la MTC, les reins sont eau, la paire ira donc depuis la terre ou vers le feu. Dans ce cas, je cherche le cœur ; et dans les résultats, ceux qui équilibrent les reins. J'aurai maintenant Reins 97,15% avec Coeur -97,71%, et Reins 95,56% avec Coeur -95,23%. Par exemple, si quelqu'un vient pour un problème d'estomac, vous finirez par traiter les reins et les poumons, et élargirez aux résultats opposés sur l'estomac.

8/ Cycles

Combien de temps dormir, et à quelle heure ? Il est important de savoir à quelle heure on est né ; de là on peut dessiner une carte de sa vie.
Si on est né à 7h ou 10h du matin, c'est bien plus facile à gérer. Quelqu'un né à 19h doit constamment réadapter son cycle à la journée, car il est plus facile de se concentrer pour lui la nuit que la journée.
En général le pic de concentration est 3 heures après l'heure de naissance.
Notre cycle est basé sur le 3 : 3 heures, 3 mois (saisons) etc. Il est normal de se réveiller après 3 ou 6 heures de sommeil. Le sommeil est le temps du nettoyage. 3 jours sans dormir et on peut mourir. Essayez de dormir quand le corps le réclame. Si vous dormez 3 heures, et vous réveillez, c'est OK.
Si on est né loin du pays dans lequel on vit ? Les chinois disent qu'on perd son cycle de vie. Il faut en tenir compte ! Né à 8h du matin en Australie ? si on déménage en Europe, cela posera des problèmes.
Si vous commencez une cure de compléments, le premier mois le corps réalise l'apport ; le second mois, le corps créé des éléments avec ce qui rentre ; le 3e mois, il créé un équilibre et son mode de croisière. Prenez un complément au moins 3 mois.

9/ Être heureux

Faites tout cela, soyez heureux, et c'est le plus important !

Se libérer des émotions négatives

Ulrich Duprée

Nous sommes tous des aventuriers, des chercheurs d'or.

Nous sommes également tous connectés les uns aux autres.

Puis-je dire « Je m'aime? » Est-ce une vérité pour moi ?
Il peut y avoir des confits de valeur, un enfant intérieur blessé...
En Ho'ponopono, on fait « ulu », on se fait un câlin à soi-même en se serrant dans ses bras et on se dit « Je m'aime », et c'est ainsi qu'on change l'univers.

Tout le monde veut être heureux. Chacun a une stratégie différente : par exemple, travailler et se défnir par sa performance, pour obtenir de l'amour et de la reconnaissance (l'enfant intérieur est blessé si les parents ont montré plus d'intérêt pour le travail que pour eux).

Question : qu'est ce qui vous rend heureux ? Écrivez-le maintenant, sans trop réféchir. Vous venez de faire une commande à l'univers, bravo, vous venez de changer l'univers. Une bonne stratégie est simplement de dire « Je m'aime ».

Les gens veulent être heureux mais ils ont en général des programmes de sabotage. L'énergie monte de la disharmonie et la désorientation, vers l'harmonie, l'expansion et l'ordre.

Chaque stratégie existe ; les énervés seront heureux en sortant taper des gens. Tout existe mais en général, on se trompe avec une stratégie de sabotage...

Dites : « Je m'aime » puis dites à votre voisin : « Merci d'être là ».

Un simple test de kinésiologie montre que si on pense à quelqu'un en termes négatifs, cela nous affaiblit ; si on y pense en termes positifs (ses qualités) cela nous renforce. Donc il faut toujours penser aux qualités et en termes positifs... facile à dire ! Car on est bourrés d'expériences négatives qui reviennent souvent. Il faut faire cet effort.

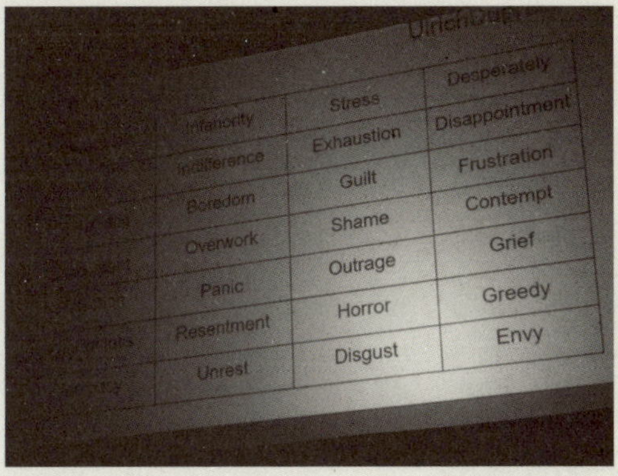

Dites à votre voisin « Je t'apprécie vraiment » et voyez quel effet cela vous fait.

Une femme pleine de remords sur son lit de mort ; le prêtre lui demande quelle est la photo, c'est celle de sa fille adorée. La pardonnerait-elle si elle avait fait des bêtises ? Évidemment ! Le prêtre lui dit alors : « Dieu a la même photo de vous ; il vous aime pareillement, et vous pardonne pareillement ».

Quand on se fait un câlin à soi-même, est-ce qu'on embrasse aussi ses angoisses, ses peurs, toutes les choses qu'on rejette ? Oui, il le faut, il n'y a pas de mais.

Que sont nos émotions, à quoi servent elles ?

Elles sont faites d'énergie en mouvement (e-motion). Elles nous amènent à une destination.

Elles sont déclenchées par des événements extérieurs.

La peur est une réaction de défense.

La joie nous ouvre à de nouvelles expériences, éventuellement dans un espace inconnu, hors de la zone de confort.

Il existe tout un tableau d'émotions négatives (120 émotions destructives) qu'on peut ressentir chaque jour. Posez vous la question de la première qui arrive pour vous. En général, une expérience traumatisante créé une marque profonde qui revient en permanence dans toutes nos expériences.

Trouvez l'émotion source et dissolvez la...

Qu'est ce qu'une émotion destructive ?

C'est une émotion qui nous empêche d'avancer.

Mais on fait le choix à chaque instant, au temps présent ; Est-ce que je veux vraiment aller vers ce traumatisme à chaque moment ? Ou plutôt aller vers la joie ?

Si on conduit en regardant en permanence dans le rétroviseur, on ne peut pas avancer. Surtout que dans le rétroviseur, il n'y a que des illusions, ce n'est pas le « ici et maintenant ».

Cela commence par reconnaître, nommer, repérer.

Définir son propre espace (tendez les bras en avant, main contre paume, et dites : « C'est moi, c'est mon espace ».
Dites : « Je suis désolé si ma négativité a pollué quantiquement le monde autour de moi ».

Imaginez que je parle négativement de moi-même sur scène ; que va devenir votre énergie ? Elle va baisser !

Donc il faut d'abord reconnaître ce qui nous arrive. Ensuite, nommer ; à partir du moment ou on nomme, cela fait disparaître le blocage. Dire « Je suis désolé », c'est installer un instant de dissolution. Il ne faut pas le répéter en permanence, évidemment !

Si on marche sur le pied de quelqu'un on dit : « Je suis désolé », on ne mentalise pas que c'était son karma etc. !

En pratique : ce qui se passe à l'extérieur, on le juge pas, on l'accepte simplement. On ne le prend pas personnellement, on en est pas la victime. Le jugement créé une séparation, le 0 devient séparé en +1 et -1,

Il faut changer de logique : **transformer**
« Un problème extérieur m'impacte et est plus grand que moi »
en « J'accepte la responsabilité totale de ma vie »

– et ainsi, on regagne le contrôle total de sa vie.

Désolé

Pardon

Merci

Je t'aime

Plaidoyer pour la médecine intégrative

Prof. Dr. Harmut Schröder

La résonance doit se faire avec le système mais aussi avec les utilisateurs. Dans ma clinique, on parle d'effets « spécifiques » et « non spécifiques ». L'effet du champ d'information est vraiment à la marge de ce qu'on peut expliquer scientifiquement aujourd'hui. Je vais essayer de montrer ce qui se passe.

On a besoin de magie, on a toujours vécu avec ; la magie signifie qu'on ne comprend pas comment marche le monde. C'est aussi accepter de perdre le contrôle et de changer de point de vue.

De combien de câlins a-t-on besoin par jour ? 4 pour survivre, 8 pour se sentir bien, 12 pour la croissance interne. Plus de 100 études existent sur le sujet ! Ce sont des savoirs anciens mais c'est aussi maintenant étudié dans la médecine académique.

Revenons aux racines, c'est toujours bien de prendre de la hauteur. Dès l'antiquité la médecine était liée à la philosophie. On ne peut pas contrôler tout ce non-sens sans philosophie. Hippocrate disait qu'un médecin philosophe était comme un dieu. Cela signifie simplement que la philosophie est nécessaire pour soigner.

Parlons de la tendance internationale. L'année dernière les autorités allemandes ont constaté officiellement que le bien-être des patients n'était plus pris en compte à l'hôpital. Du point de vue des patients, le point le plus important constaté a été la communication humaine, principalement avec les infirmières. 80% des soins se passent par la communication, 80% des erreurs viennent d'un déficit de communication.

Que se passe-t-il lors d'une grève des médecins à l'hôpital ? Moins de gens meurent ! Cela a été étudié et publié dans le British Medical Journal. A part en Afrique du Sud, cela a été constaté partout ! Seules les urgences étaient en service et en réduisant les activités à part les urgences, moins de gens mouraient. Une explication peut être aussi l'absence de « sur-soins » durant les grèves. Il a été montré que le « sur-soin » est mauvais pour les patients. Parfois, moins est mieux.

Par exemple pour les antidouleurs, une initiative rapportée en 2017 a constaté peu de résultats des médicaments et un risque important (paracétamol par exemple), et une prise en compte officielle des approches alternatives : marche, méditation, yoga ... Il y a un abus important sur les médicaments.

Hippocrate disait : « premier principe, ne pas faire de mal. En second, être prudent. En troisième, soigner ». Le vrai médecin, médecin et philosophe, doit respecter ces principes.

Qu'est ce que l'information ? Qu'est ce que la parole ? Qu'est ce que la culture ? Schiller disait : « C'est l'esprit qui construit le corps ».

Le Dr Huber a écrit le best-seller *L'amour plutôt que le Valium* ; il parle des interconnextions entre les parties les plus petites du corps et les ensembles de plus en plus grands, jusqu'à la famille, la maison, la culture, la société...

Qu'est ce que l'information ? C'est une question à laquelle il est très difficile de répondre. On dirait que c'est ce qui est nécessaire dans un certain contexte. In-formare = donner de la forme à quelque chose.
L'information a le pouvoir de développer, de bouger, de donner forme.

La vie est un système ouvert, chaque seconde se passent mille milliards de processus biochimiques dans notre corps. Matière, énergie, information. La signification est un aspect très subjectif, mais on ne peut pas la réduire à un aspect matériel.

C'est pour cela que la communication entre le praticien et le patient est si importante.

Je veux vous montrer comment l'immatériel peut devenir matériel : l'incidence des problèmes érectiles selon l'information sur les effets secondaires des béta-bloquants.

Sans beta-bloquant, on constate 5% de problèmes. Avec beta-bloquants et si le patient ne connait pas les effets secondaires, on constate 15%. Cela monte à 30% si le médecin explique l'effet secondaire.

L'information est aussi plus grande que le support, le signal et l'impulsion ; par exemple en musique on peut inclure le silence avant et après.

Revenons à l'antiquité :

- Le corps physique ; ce que nous appelons la réalité.
- La psyché : l'information de l'esprit qui permet de garder la cohérence du corps, Équilibre.

« *Il n'existe pas de maladie en dehors de l'esprit* ». Socrate

« *L'esprit de la thérapie est la thérapie de l'esprit* ». Hildegarde de Bingen

Qu'est ce que le langage ? « C'est un espace sacré ou la création se produit en continu ». Par exemple, une maladie dépend de la manière d'être nommée. C'est aussi le ton de la voix, qui contient des informations. Avec la voix, on peut construire des résonances. La voix est le plus grand pouvoir et la plus grande énergie de la planète.

« *Au commencement était le verbe* ». Yogi Bhajan
Exemple, trop d'information concernant un effet secondaire créé le problème (effet nocebo).

Quels mots utiliser ? Il faut choisir ses mots pour qu'ils travaillent au niveau du cœur, pour résonner avec compassion. Au niveau de la gorge, pour la communication, au 3e œil pour l'intuition...
Freud parlait de la magie des mots, telle qu'elle pouvait supprimer les symptômes des maladies y compris au niveau physique.

Qu'est ce que la culture ? Ce sont des systèmes d'information qui contiennent des codes d'interprétation.

- Nature : le règne de la biosphère.
  Culture : le règne de la noosphère (l'esprit) et de la sémiosphère (le sens).

L'architecture permet de changer la forme du monde. Par exemple, la guérison est meilleure dans un hôpital avec une fenêtre que si la chambre fait face à un mur.
La culture est liée à la décélération. Elle créé des relations et des communautés. Elle n'est pas liée à un but précis. Elle mène à une meilleure éducation et à une vie plus harmonieuse.

Qu'est ce que la résonance ? Quel rapport avec le soin ?

La médecine moderne essaie d'améliorer les processus naturels, de les corriger. Mais avec 1000 milliards d'actions chaque seconde, c'est peine perdue. Il faut équilibrer, apporter de l'harmonie. Sur un bateau à voiles, utiliserait-on le moteur si le vent est bon ? On n'en a besoin qu'en absence de vent. La médecine actuelle veut toujours marcher au moteur.

En tant que praticien, vous savez que vous ne soignez pas : c'est l'esprit du patient qui soigne. Comment ça marche ? C'est l'information. C'est la relation, le toucher, l'échange subtil d'énergies, la parole, l'information qui est en jeu.

« *La santé est une question d'esprit autant que du corps quand l'imagination devient biologie* ».

Pour résumer, la thérapie est une impulsion.
Logos = Pharmakon = Iatros
Le mot est le moyen / Le soin est la santé.

Vivre en harmonie avec son monde intérieur ; avec son environnement ; choisir son praticien avec qui on résonne (pas forcément celui qui est le plus réputé). Les appareils interrogeant le champ d'information est réellement intégré dans un « ça » connecté.

Conclusion

Médéric Degoy

J'ai pris beaucoup de plaisir à participer à ces congrès et j'espère vous avoir retransmis le plus fidèlement possible les nombreuses idées qui y sont échangées. De 350 à 700 personnes y sont réunis chaque année – médecins, professeurs, chercheurs, Heilpraktiker... la communauté des utilisateurs de ces outils est très forte et très soudée.

Il est étonnant de voir qu'il n'y a aucun problème, en Allemagne, à organiser un congrès aussi grand, avec autant de personnes, et de bénéficier pendant 4 jours de pauses et de repas entièrement végétaliens. Comme entendu : « du végétalien bon comme ça, j'en mangerais tous les jours ! ».

Nous avons rencontré des praticiens d'Europe, d'Asie, d'Amérique, et tous avaient des résultats et des cas incroyables à raconter.

Et surtout, on mesure la pertinence de ces approches dans le simple fait qu'ils appliquent à eux-mêmes leurs principes avec succès : la société n'a que 10 ans et déjà elle montre une dynamique que je n'ai trouvé nulle part ailleurs dans ce domaine jusqu'à présent !

Les conférences étaient en allemand ou en anglais, avec traduction simultanée par un système radio. Je vous donne rendez-vous aux prochaines, avec, je l'espère, une délégation française et une traduction en direct en français...

Médéric Degoy

md@extrao.fr

A propos des Éditions Extraordinaires

Les Conférences Extraordinaires : Rendez-vous en octobre !
Nous avons l'honneur d'accueillir, chaque année quelques jours en octobre, des conférences passionnantes par nos auteurs et d'autres experts autour des thèmes développés. Inscrivez-vous dès maintenant sur ***edextrao.fr/conferences***

Révélateur des nouvelles réalités de la science, *Les Éditions Extraordinaires proposent des ouvrages d'approches novatrices autour de la science, de la santé et du développement personnel.*
« J'ai créé les Éditions Extraordinaires pour trois raisons : éditer des ouvrages originaux et que je trouvais indispensables ; apporter dans la culture française les livres étrangers qui ont changé ma vie ; et vous donner ainsi accès à ceux qui, je l'espère, changeront la vôtre. » Médéric Degoy

Suivez-nous, échangez, et découvrez des vidéos, entretiens avec les auteurs, et informations supplémentaires sur :

Les Editions Extraordinaires

EditionsExtraordinaires.fr
fb.me/edextrao
twitter.com/edextrao
pinterest.com/edextrao
instagram.com/LesEditionsExtraordinaires

Nos actualités :

Tous ces auteurs interviennent dans la série de documentaires « En Réalité » (www.inreality.video)

Marcus Schmieke est philosophe, scientifique, inventeur et entrepreneur.

La Seconde Voie

Un changement de vie nous tombe souvent dessus, sans prévenir et parfois violemment, à mi-parcours de notre vie ; faisant la synthèse de nombreuses découvertes et des ponts entre philosophies et physique théorique, l'auteur nous fait comprendre le fonctionnement de notre mission de vie, et nous ouvre des perspectives pour l'accepter plus en douceur.
Ce livre explique des concepts complexes de manière simple et abordable par tout un chacun. La plupart des grands penseurs s'accordent à dire que l'ensemble du monde matériel est le reflet d'un champ d'information, et ce livre en explique les tenants et aboutissants, et l'impact au quotidien sur notre vie.

Suivre sa voie intérieure

Un guide pratique de développement personnel basé sur l'expérience du champ d'information particulière de l'auteur ; on y retrouvera Jung, Parsifal, une histoire de la science, les piliers du chemin intérieur, et 5 images fondatrices de notre personnalité. *(parution 2020)*

Carolyn McMakin est chiropraticienne, spécialiste des fibromyalgies.

L'effet Résonance

Préfacé par James Oschman, auteur de « médecine énergétique : les bases scientifiques »

Carolyn McMakin redécouvre une méthode de soins oubliée depuis cent ans grâce à un générateur de micro-courants électriques spécifiques en fréquences (FSM), qui tirent parti de la capacité de notre corps à répondre à des fréquences pour soigner de nombreuses pathologies chroniques.
Les résultats la sidèrent ; la médecine en sera changée, offrant de nouvelles possibilités pour des patients en souffrance depuis des dizaines d'années et des résultats spectaculaires sur des pathologies jusque-là données comme incurables : névralgies, fibromyalgie, neuropathies diabétiques, douleurs, performance, blessures, stress, maladies, plaies, dépression, zona, asthme, kystes, adhésions, cicatrices... toutes ces pathologies répondent à des fréquences spécifiques.
L'auteur explique et montre que les résultats sont prévisibles, reproductibles, et qu'on peut les apprendre, ce qui donnera un espoir de guérison à des millions de malades.

« Un livre fantastique ! Que vous soyez un patient en quête de réponse ou un professionnel de santé à la recherche d'innovations, ce livre vous ouvrira les yeux sur un nouveau monde de possibilités. Le docteur Mcmakin a réalisé l'exposé tant attendu sur le domaine en émergence de la médecine énergétique. Ces histoires vous donneront de l'inspiration, et ces informations restaureront votre espoir pour le futur des soins de santé ! » – Roger Billica, médecin, ancien directeur des opérations médicales de la NASA.
« L'effet résonance est écrit par un expert en médecine énergétique, le docteur Carolyn McMakin. Ce livre est incontournable pour tous ceux qui s'intéressent au pourquoi et au comment de l'utilisation de la médecine énergétique dans les soins. » – Jeffrey Bland, PhD, cofondateur de l'Institut de Médecine Fonctionnelle et auteur de The Disease Delusion
« Ce livre va résonner avec les patients, les professionnels de santé, et tous ceux ayant un proche souffrant de douleur ou de problème de santé. Résonances harmoniques, vibrations, oscillations et fréquences forment le vocabulaire du langage universel que parlent les FSM. Moi-même témoin de leur effet thérapeutique sur les humains et les chevaux, je suis devenu un ardent partisan de ce travail scientifique. Ce livre vaut bien Harry Potter, mais ce n'est pas de la magie ; c'est de la science. » – John Sharkey, MSC, anatomiste clinique, physiologiste, thérapeute neuro musculaire, auteur de Healing Through Trigger Point Therapy

Tom Campbell est chercheur, physicien, ingénieur et inventeur.

Ma (très vaste) théorie du tout

Appliquant la méthode scientifique avant tout (données empiriques de haute qualité, reproductibles et probantes pour séparer le réel de l'imaginaire), Thomas Campbell a exploré méthodiquement durant des dizaines d'années les réalités physiques non matérielles. Après une cartographie systématique, il en a conçu un modèle sans système de croyances, dogmes ou hypothèses inhabituelles, expliquant l'entièreté de la réalité, unifiant des domaines aussi apparemment antinomiques que science et conscience ; physique et métaphysique ; philosophie et matérialité. Il parcourt aujourd'hui le monde autour des nombreux groupes de recherches qui ont été créés suite à ses découvertes relatées dans cette trilogie. D'une lecture accessible à tous, ce modèle de réalité propose une vision radicalement nouvelle qui vous aidera à comprendre votre vie, votre but, la totalité de la réalité dans laquelle vous vivez, son fonctionnement et comment mieux interagir avec elle, redéfinissant toutes ces questions existentielles fondamentales d'un point de vue extrêmement élevé sur la science et l'explication de la réalité et de la place de l'humain.

Le livre 1 : Éveil propose une introduction générale : rencontres, circonstances, formation et recherches initiales. Viennent les éléments nécessaires à la construction de la base conceptuelle : croyances culturelles enfermant notre pensée dans une conceptualisation limitée de la réalité ; fondements de l'épistémologie et de l'ontologie d'un point de vue élargi ; fonctionnement intérieur et pratique de la méditation. il définit surtout les deux hypothèses à partir desquelles le temps, l'espace, la conscience et les propriétés, le but et la mécanique de notre réalité sont déduits.

Le livre 2 : Découvertes développe l'interface et l'interaction entre nous et notre réalité de conscience numérique, dérivant les caractéristiques, les origines, la dynamique et la fonction de l'ego, de l'amour, du libre arbitre et de notre but plus large, et le principe de l'incertitude psi, l'expliquant en relation avec conscience, évolution, physique, réalité, but, numérique et entropie.

Un modèle opérationnel et fonctionnel de conscience en découle : origines et nature de la conscience numérique, façon dont l'intelligence artificielle incarnée en personnage conduit à la conscience artificielle, à la conscience réelle et à nous, puis notre univers physique, science et perception d'une réalité physique, résolvant la dichotomie esprit-matière car la réalité physique est directement dérivée de la nature de la conscience numérique.

Le livre 3 : Travail intérieur propose un modèle plus formel de la réalité qui décrit comment une réalité non physique apparente fonctionne, interagit et est en relation avec notre expérience de la réalité physique. Réalités probables, prédiction et modification de l'avenir, téléportation, télépathie, corps physiques et non physiques multiples, et nature fractale d'une réalité de conscience numérique en évolution sont expliqués et décrits en détail. Une synthèse met en perspective personnelle facile à comprendre les relations avec la science et la philosophie contemporaines, l'intégrant solidement dans la pensée occidentale. *Site : www.theoriedutout.fr*

« Un livre incroyable, qui a complètement changé ma façon de voir la réalité. »
« Le livre le plus important que vous lirez. »
« Le résultat est tout simplement bluffant. Une référence pour toute personne intéressée par le sujet de la conscience. »

Médéric Degoy est entrepreneur, éditeur, réalisateur et photographe et musicien.

Science, conscience et santé - Les NTIE au XXIe siècle

Un condensé des recherches actuelles concernant le champ d'information, ses applications pratiques et la médecine des NTIE (Nouvelles Thérapies par l'Information et l'Énergie), par analogie avec les NTIC (Nouvelles Technologies de l'Information et de la Communication). Comme les NTIC ayant apporté la 3e révolution industrielle dans la société, les NTIE apporteront la 3e révolution médicale. Toutes les conférences retranscrites ici s'articulent autour du « champ d'information », également nommé « inconscient collectif » par Jung, « annales akashiques » par les traditions indiennes, « noosphère » par Teilhard de Chardin... Ce support de l'information inconsciente et partagée est étudié depuis des millénaires, mais comme tout ce qui touche à la conscience pure, il est largement laissé de côté par la recherche officielle aujourd'hui. Vous découvrirez les possibilités incroyables offertes par les outils de pointe et leurs applications dans le champ d'information pour la santé, la performance, ou l'entreprise.

En réalité – les entretiens complets

Depuis 2012, l'auteur a filmé des entretiens avec des personnes d'horizons différents : moines, auteurs, inventeurs, scientifiques, chercheurs, médecins, praticiens, explorateurs... Autour d'une question à l'apparence simple : « qu'est-ce que la réalité ? »
Le résultat – une série de documentaires disponibles sur www.inreality.video – est un ensemble de réponses souvent étonnantes, qui dessinent un schéma faisant un pont entre un savoir millénaire, des recherches scientifiques de pointe, des réponses fondamentales à des questions existentielles, et un chemin plein de solutions pour une vie plus légère, plus riche et plus facile. Ce livre reprend l'ensemble de ces entretiens. *(parution 2020)*

_

Karin Schussmann est Heilpraktiker et dirige une clinique en Allemagne.

Remonter aux causes de ce qui nous rend vraiment malades

L'auteur a dédié sa vie professionnelle à comprendre et découvrir pourquoi les gens tombent malades et le restent. Praticienne expérimentée des approches innovantes en santé, l'auteur fait état de son objectif d'identifier les causes des maladies causées par les perturbations géopathogènes, les microorganismes, la pollution électrosmog et les toxines environnementales, analysées sur une base énergétique. Avec de nombreux exemples et des cas choisis dans leur pratique quotidienne. Elle explique en détail l'importance de ces troubles pour notre santé et décrit les résultats qu'elle a obtenus. Un manuel très instructif pour les thérapeutes qui veulent approfondir cette approche axée sur la cause. *(parution 2020)*

Christine Degoy est peintre et praticienne en clairvoyance thérapeutique.

33 Trésors

Préfacé par Dan Winter, physicien et inventeur.

Nous possédons chacun des zones de ressources parfaitement réalisées, des zones parfaites, au fonctionnement optimal. Nous avons tous une étincelle de perfection en nous, et le simple fait de les reconnaître va vous permettre de les utiliser pour assister la globalité de votre être à avancer sur son chemin : voici le message principal, révolutionnaire dans sa perspective, de ce livre. Vous allez découvrir et apprendre à utiliser 33 trésors, 33 outils révélés chez différentes personnes, qu'elle a pu réassembler lors de ses séances d'observation durant plus de 3 ans. Chacun d'entre eux correspond à une zone parfaitement réalisée chez l'une de ces personnes, avec l'avantage de pouvoir être appelé par nous en cas de besoin. Ces outils agissent sur l'un ou plusieurs de nos corps, et sont des aides précieuses pour identifier, débloquer, ou améliorer des éléments de notre être au moment opportun sur notre chemin de vie. Ils proposent un cheminement cohérent : exister, faire, se reconnaître, être, unir et rayonner. Chaque outil est abondamment illustré, son origine établie, son fonctionnement expliqué. Ce livre s'adresse autant au praticien souhaitant comprendre et accompagner ses patients qu'à l'aventurier de la vie à la recherche d'outils lui permettant d'avancer sur son chemin à pas de géant.

33 méditations

Les 33 trésors sous forme de méditations guidées, pour comprendre, résoudre ses problèmes et blocages, et avancer sereinement sur son chemin de vie.

33 trésors, les cartes

Les 33 trésors sous forme de jeu de cartes en couleurs.

33 trésors, l'app

Une application iOS et Android pour garder dans sa poche les 33 trésors, les méditations guidées, des vidéos d'explications, des outils, et plus encore... *Site : www.33tresors.fr*

« C'est un immense plaisir de recommander à nos amis le précieux travail de Christine. Elle apporte toute une vie d'expérience en tant qu'intuitive médicale – avec empathie et clairvoyance – à notre projet mondial d'enseignement des processus de guérison par le plasma. Le rôle d'intuitif médical est de plus en plus reconnu et accepté dans des formations médicales à travers le monde, et ce, pour de bonnes raisons. Une bonne part de l'intuitif médical est d'apprendre à reconnaître les champs d'énergie autour du corps grâce à la clairvoyance. Christine a développé des compétences dans ce domaine au fil des ans grâce à son travail d'artiste spirituelle et de peintre. C'est là que brillent les compétences très spéciales de Christine. » – Dan Winter, physicien

Gerald Pollack est chercheur et professeur à l'université de Seattle.

Le quatrième état de l'eau

Préfacé par Marc Henry, professeur de chimie à l'université de Strasbourg et expert français reconnu mondialement de la science de l'eau.

L'eau cache une révolution ! La science de l'eau est aujourd'hui assez sulfureuse, après plusieurs controverses retentissantes. Et pourtant, quelles avancées grâce aux travaux présentés ici : de la science de laboratoire, expliquée de manière ludique, accessible à tous, et qui ouvre des perspectives incroyables. « La découverte la plus importante du siècle », ont dit des scientifiques : la preuve documentée et reproduite maintes fois d'un état de cristal liquide omniprésent (en particulier dans le vivant), expliquant simplement et logiquement les dizaines de paradoxes qu'aujourd'hui les spécialistes préfèrent passer sous silence, de peur d'en être embarrassés ?
Lisez ce livre, et vous saurez que l'eau créé des batteries électriques ; que le mécanisme de l'homéopathie peut être expliqué ; que les aimants de même signe peuvent s'attirer ; que les transferts dans les cellules, comme beaucoup de mécanismes du vivant, sont propulsés par l'eau et la lumière ; vous comprendrez la forme des nuages, la pluie et les éclairs ; comment des insectes marchent sur l'eau ; comment l'eau monte dans les grand arbres ; pourquoi l'eau chaude gèle plus vite que l'eau froide ; pourquoi la glace glisse ; pourquoi le sable mouillé est plus solide que le sable sec... Mais vous verrez surtout qu'on est à l'aube d'applications pratiques qui pourraient fondamentalement changer nos vies.

« Le livre de science le plus intéressant que j'aie jamais lu. Quelque chose de vraiment nouveau dans la science. » – Zhiliang Gong, Université de Chicago
« La découverte scientifique la plus importante de ce siècle. » – Mae-Wan Ho, auteur, directeur de l'Institute of Science and Society, Londres
« L'un des pionniers dans ce domaine, on peut s'attendre à ce que ses découvertes aient des implications importantes. » – Brian Josephson, Prix Nobel, Université de Cambridge
« Aussi captivant qu'un roman de Dan Brown... » – David Anick, Université de Harvard
« Ce livre contribue à un changement de paradigme considérable qui pourrait révolutionner la biologie cellulaire, la physiologie des plantes, la signalisation chimique et bien sûr la médecine telles qu'elles sont pratiquées aujourd'hui. Il ne faut pas tomber dans le piège des positivistes qui veulent nous faire croire que tout est matière et que tout ce qui se passe hors de notre regard est pure invention, charlatanisme ou escroquerie. Bien ancré dans le concret et le réel d'un côté mais aussi ouvrant des portes vers le subtil et le non matériel, ce livre est un parfait exemple de ce que sera la science de demain : une science ouverte à tous et capable de voir dans des phénomènes très ordinaires des choses extraordinaires et merveilleuses se déroulant en arrière-plan dans un monde inaccessible à nos sens physiques. » – Marc Henry, Université de Strasbourg